जी चाहे तू शीशा बन जा

जी चाहे तू शीशा बन जा

ज़हीन शाह ताजी

सम्पादक

सुमन मिश्र

rekhta publications

राजकमल प्रकाशन

rekhta publications

राजकमल प्रकाशन

रेख़्ता पब्लिकेशंस

बी-37, सेक्टर - 1, नोएडा

उत्तर प्रदेश - 201301

contact@rekhta.org I www.rekhtabooks.com

www.rajkamalprakashan.com

प्रथम संस्करण : 2023

ISBN : 978-93-94494-58-9

जी चाहे तू शीशा बन जा

ज़हीन शाह ताजी

सम्पादक – सुमन मिश्र

आवरण रेखा चित्र : कपिल भारद्वाज

टाइपिंग एवं सेटिंग - मोहम्मद अमजद

मुद्रक : थॉमसन प्रेस (इंडिया) लिमिटेड

मूल्य : ₹ 249

हिन्दुस्तान की सूफ़ी-भक्ति परम्परा के नाम

प्रस्तावना

बाबा ताजुद्दीन नागपुरी महाराष्ट्र के प्रसिद्ध संत हुए हैं। मेहर बाबा ने इन्हें अपने समय के पाँच बड़े अध्यात्मिक गुरुओं में से एक माना है। महात्मा गाँधी भी बाबा ताजुद्दीन से मिलने जाया करते थे। बाबा ताजुद्दीन का व्यक्तित्व बड़ा रहस्यमयी रहा है।

हजरत बाबा ताजुद्दीन का जन्म नागपुर शहर से 15 कि.मी. दूर कामठी गाँव में 27 जनवरी, 1861 को हुआ था। उनके पिता सैयद बद्रुद्दीन फ़ौज में सूबेदार थे। उनकी माता मरियम बी मद्रासी पलटन के सूबेदार मेजर शैख़ मीराँ साहब की पुत्री थीं। बाबा जब एक वर्ष के थे तभी उनके पिता का देहान्त हो गया था लेकिन 9 वर्ष की उम्र पूरी होते ही उनकी माँ भी चल बसी। नानी ने ही इन्हें पाल पोसकर बड़ा किया और कामठी स्थित मदरसे में तालीम हेतु भेज दिया।

जब वे 18 वर्ष के थे तब कामठी में बहने वाली कन्हान नदी में (सन् 1879-80) बाढ़ आ गई, जिससे उनके घर को काफ़ी क्षति पहुँची। सन् 1881 में उनके मामा ने तालीम पूरी होने पर उन्हें नागपुर की रेजीमेंट नं. 13 में भर्ती करवा दिया। फ़ौज में तीन साल बा'द उन्हें सागर जाना पड़ा। हज़रत दाऊद साहेब हज़रत ताजुद्दीन बाबा के अध्यात्मिक गुरु थे। कुछ ही दिनों के बा'द उन्होंने नौकरी छोड़ दी और मस्त हो कर सागर की सड़कों पर घूमना शुरू कर दिया। जब उनके रिश्तेदारों और दोस्तों को इसके बारे में पता चला तब उन्होंने उन्हें कामठी वापस बुलाया। 'आम लोगों ने उन्हें पागल समझ लिया व बच्चों के झुण्ड उन पर पत्थर फेंकने लगे पर उन्होंने कभी उफ़ तक नहीं की। वह उल्टा उन पत्थरों को एकत्रित कर लेते थे। यदि कोई व्यक्ति उन बच्चों को रोकता तो वह उस आदमी से ख़फ़ा हो जाते थे। उन्होंने ऐ'लान कर दिया कि वो अब पागलख़ाने जाएँगे। उन्होंने अगले

दिन जब कामठी के यूरोपियन क्लब के समक्ष नंगे बदन घूमना शुरू' कर दिया तो कुछ अंग्रेज़ 'औरतों ने ग़ुस्से में पुलिस को बुला लिया। 26 अगस्त, 1892 को कामठी के कैन्टोनमेन्ट व जिला मजिस्ट्रेट ने उन्हें पागलख़ाने भेज दिया।

पागलख़ाने में बंद किये जाने के उपरांत भी बाबा ताजुद्दीन शहर की सड़कों व गलियों में घूमते नज़र आए। कई बड़े अफ़सरों ने भी बाबा को बाहर देखा तो उनके पैरों की ज़मीन खिसक गई। नागपुर से बड़े फ़ौजी अफ़सर जब सच्चाई का पता लगाने पहुँचे तो डाक्टर ने कहा वह तो कमरे में बंद हैं। 21 सितंबर, 1908 ई. को नागपुर के महाराजा श्रीमंत राजा बहादुर राधोजी राव भौंसले की कोशिशों से बाबा पागलख़ाने से रिहा होकर राजा के शाही महल शकरदरा के सामने बनी 'लालकोठी' में ठहराए गए जहाँ स्वयं राजा सुबह-शाम हाज़िरी देते थे। बाबा हिंदू-मुस्लिम सभी शिष्यों के यहाँ रहे। धीरे-धीरे बाबा की सेहत नासाज़ होने लगी। 66 वर्ष की उम्र में 17 अगस्त, 1925 ई. को शकरहरा में उनकी आत्मा इस नश्वर चोले को छोड़कर चल बसी।

बाबा ताजुद्दीन के मुरीदों की संख्या लाखों में है और उनके सिलसिले के लोग अपने नाम के आगे 'ताजी' लगाते हैं। बाबा ताजुद्दीन के ही एक ख़लीफ़ा हज़रत युसूफ़ शाह ताजी अजमेरी के मुरीद हज़रत ज़हीन शाह ताजी थे जिनकी शाइरी आज हिंदुस्तान और पाकिस्तान की हर दरगाह में पढ़ी जाती है।

हज़रत ज़हीन शाह ताजी का जन्म 1902 ई'स्वी में राजस्थान की राजधानी जयपुर के शेख़ावटी की एक तहसील झुंझुनूँ में पैदा हुए जहाँ हज़रत क़मरुद्दीन अबुल-उ'लाई का तारीख़ी और क़दीमी आस्ताना है। इब्तिदाई ता'लीम अपने घर पर ही अपने वालिद से हासिल की। बाबा ज़हीन शाह ताजी को इब्तिदाई ख़िलाफ़त और सज्जादगी अपने पिता से मिली जो चिश्तिया, साबिरीया,नक़्शबंदिया और क़ादरिया

सिलसिले से त'अल्लुक़ रखते थे । ख़ानदान का इल्मी माहौल ऐसा था कि 'उमूमन 'इल्म-ओ-अदब और शे'र-ओ-शायरी की नशिस्तों का आयोजन हुआ करता था जिसकी वजह से नौ 'उम्री ही में आपका शायरी के प्रति रुझान बढ़ता गया और कम 'उम्र से ही में ना'तें और आरिफ़ाना अश'आर लिखन शुरु कर दिया। वालिद साहिब ने आपका तख़ल्लुस ज़हीन रखा और आप इसी नाम से जाने-पहचाने जाते हैं । जवानी ही में आप के वालिद का इंतिक़ाल हो गया।

वालिद के इंतिक़ाल के बा'द ज़हीन शाह ताजी अजमेर पहुँचे और वहाँ मौलाना अ'ब्दुल करीम जयपुरी मा'रूफ़ ब-हज़रत युसुफ़ शाह ताजी से बै'अत हुए। ज़हीन शाह ताजी की अध्यात्मिक यात्रा का यह एक अहम पड़ाव था। हज़रत युसुफ़ शाह ताजी ने कई सालों तक अजमेर में इन की तर्बियत की और इनकी रूह को कुंदन बनाया। अजमेर शरीफ़ में एक महफ़िल-ए-समाअ के दौरान हज़रत ज़हीन शाह ताजी को ख़िलाफ़त और सज्जादगी प्रदान की गई। जब हज़रत युसुफ़ शाह के विसाल का समय क़रीब आया तो अजमेर शरीफ़ में ख़्वाजा साहब के चिल्ले के समीप एक जगह देखी गई लेकिन उनकी इच्छा कराची जाने की थी। उनकी इच्छा के मुताबिक उन्हें कराची लाया गया। कराची पहुँचने के तीन दिन बाद ही उनका विसाल हो गया। उन्हें मेवा शाह क़ब्रिस्तान में सुपुर्द-ए-खाक़ किया गया।वहाँ हज़रत युसुफ़ शाह ताजी की मज़ार तामीर हुई और हज़रत ज़हीन शाह ताजी मसनद नशीन हुए। कुछ ही समय में कराची में अजमेर शरीफ़ का समां नज़र आने लगा।

यही हज़रत ज़हीन शाह ताजी ने हज़रत इब्न-ए-'अरबी की किताब "फ़ुसुलुल-हिकम" और "फ़ुतूहात-ए-मक्किया" का उर्दू में तर्जुमा किया। ज़हीन शाह ताजी को जहाँ 'उलूम-ए-दीनी पर 'उबूर हासिल था ठीक उसी तरह उ'लूम-ए-अदब पर भी दस्तरस हासिल थी। इस

के अ'लावा उन्होंने मंसूर हल्लाज की किताब "किताबुत्तवासीन" का भी तर्जुमा किया। उनकी अन्य किताबों में आयत-ए-जमाल, लम्हात-ए-जमाल, जमाल-ए-आयत, जमालिस्तान, इज्माल-ए-जमाल, लमआ'त-ए-जमाल आदि महत्वपूर्ण हैं। उन्होंने ताजुल-औलिया के नाम से हज़रत बाबा ताजुद्दीन की जीवनी भी लिखी है।

उन्होंने तसव्वुफ़ के प्रचार के लिए एक पत्रिका 'ताज' भी शुरु की थी जो आज भी निकल रही है।

आप का विसाल 22 जून सन् 1978 ई. को कराची में हुआ। उनके सज्जादानशीन हज़रत अनवर शाह ताजी ने एक ख़ूबसूरत दरगाह तामीर करवाई जहाँ आज भी लोग अक़ीदत के फूल पेश करते हैं।

हज़रत ज़हीन शाह ताजी के कलाम में एक ताज़गी है जो पढ़ने वाले की रूह को भी ताज़ा कर देती है। उन्होंने फ़ारसी और उर्दू में शायरी की है। उनकी शायरी को दो हिस्सों में बाँटा जा सकता है। पहले हिस्से में दीनी शायरी है जिस में ना'त, मंक़बत और सलाम आदि शामिल हैं।

दूसरे हिस्से में ग़ज़लें, फ़ारसी कलाम और रुबाईयात शामिल हैं।

हज़रत ज़हीन शाह ताजी की ग़ज़लों की भाषा बहुत सरल है लेकिन इन ग़ज़लों में सूफ़ीवाद के गहरे रहस्य छुपे हैं। वहदत-उल-वुजूद के प्रबल पैरोकार ज़हीन शाह ताजी अपनी ग़ज़लों में इंसान-दोस्ती और किर्दार की सच्चाई को महत्व देते हैं -

आग़ाज़ अच्छा अंजाम अच्छा
निस्बत जो अच्छी हर काम अच्छा

सब नाम उन के हर नाम अच्छा
अच्छों से अपना हर काम अच्छा

अच्छे हैं यूँ तो सब नाम उन के
वो जिस से ख़ुश हों वो नाम अच्छा

वहीं दूसरी ओर अच्छाई और बुराई दोनों से ऊपर उठ कर सब कुछ ईश्वर को समर्पित कर बे-नियाज़ नज़र आते हैं -

तू ने दीवाना बनाया तो मैं दीवाना बना
अब मुझे होश की दुनिया में तमाशा न बना

'इश्क़ में दीदा-ओ-दिल शीशा-ओ-पैमाना बना
झूम कर बैठ गए हम वहीं मय-ख़ाना बना

ये तमन्ना है कि आज़ाद-ए-तमन्ना ही रहूँ
दिल-ए-मायूस को मानूस-ए-तमन्ना न बना

दिल-ए-बेताब को तस्कीन तबस्सुम से न दे
चश्म-ए-मजनूँ के लिए महमिल-ए-लैला न बना

ज़ौक़-ए-बर्बादी-ए-दिल को भी न कर तू बर्बाद
दिल की उजड़ी हुई बिगड़ी हुई दुनिया न बना

जब इंसान हार-जीत, जीवन-मरण, यश-अपयश सब कुछ विधाता के साथ छोड़ कर इस संसार की हर सूरत में उसी महबूब का दीदार कर लेता है तो उस के लिए सब एक बराबर हो जाता है -

जी चाहे तू शीशा बन जा जी चाहे पैमाना बन जा
शीशा पैमाना क्या बनना मय बन जा मय-ख़ाना बन जा
मय बन कर मय-ख़ाना बन कर मस्ती का अफ़्साना बन जा
मस्ती का अफ़्साना बन कर हस्ती से बेगाना बन जा

हस्ती से बेगाना होना मस्ती का अफ़्साना बनना
इस होने से उस बनने से अच्छा है दीवाना बन जा

हज़रत ज़हीन शाह ताजी का कलाम इतना लोकप्रिय होने के बावजूद हिन्दी में अब तक प्रकाशित नहीं हुआ है। उम्मीद है, सुधी पाठकों को हमारी यह पेशकश पसंद आएगी।

- सुमन मिश्र

क्रम सूची

कलाम

हम्द

सब नाम हैं गुम जिस में वो है नाम ख़ुदा का
ये काम है वो काम है हर काम ख़ुदा का

मस्जूद[1] कहीं ग़ैर न मा'बूद[2] कहीं ग़ैर
बंदा है इक बंदा-ए-अस्नाम[3] ख़ुदा का

1 जिसको सज्दा किया जाए 2 जिसकी पूजा की जाए 3 बुतों की पूजा करने वाला

आग़ाज़ उसी से है हर अंजाम उसी से
आग़ाज़ ख़ुदा का है न अंजाम ख़ुदा का

हर नामा[1] हक़ीक़त में यहाँ नामा-ए-हक़[2] है
हर रंग में पैग़ाम है पैग़ाम ख़ुदा का

1 सन्देश 2 ईश्वरीय सन्देश

अल्लाह के नामों का इहाता[1] नहीं मुमकिन
हर चीज़ है याँ एक नया नाम ख़ुदा का

1 गणना

हर आन के दिल में है अमानत सुख़न-ए-हक़
हर चीज़ यहाँ लाई है पैग़ाम ख़ुदा का

❁

ख़ुदा का हर तसव्वुर[1] ज़ेहन-ए-इंसानी[2] की ख़ल्लाक़ी[3]
ये ख़ल्लाक़ी है रंग-ए-अंफ़ुसी[4]-ओ-रंग-ए-आफ़ाक़ी[5]

1 कल्पना 2 मानव मस्तिष्क 3 सृजन 4 मानव रंग 5 सांसारिक रंग

ख़ुदा की ज़ात 'आली[1] अन्फ़ुस-ओ-आफ़ाक़[2] से बाला
हर इक तक़ईद[3] से बाला [4]हर इक इतलाक़[5] से बाला[6]

1 श्रेष्ट 2 संसार और परलोक 3 बंधन 4 ऊपर 5 मुक्त 6ऊपर

वो ला-महदूद है[1] महदूद उस की ज़ात क्या जाने
वो ख़ालिक़[2] है भला मख़्लूक़[3] उस की बात क्या जाने

1 असीमित 2 सृष्टिकर्ता 3 सृष्टि

हम अपने वह्म की मख़्लूक़ को ख़ालिक़ बताते हैं
ख़ुदा हम को बनाता है ख़ुदा को हम बनाते हैं

जो पैदा करने वाला है वो पैदा हो नहीं सकता
जो ख़ालिक़ है वो हो मख़्लूक़ ऐसा हो नहीं सकता

हक़ीक़त की ख़बर जब मा-सिवा[1] को हो नहीं सकती
ख़ुदा की मा'रिफ़त[2] ग़ैर-ए-ख़ुदा[3] को हो नहीं सकती

1 ईश्वर के आतिरिक्त 2 ज्ञान 3 ईश्वर के अतिरिक्त

ना'त

साए में तुम्हारे हैं क़िस्मत ये हमारी है
क़ुर्बान[1] दिल-ओ-जाँ हैं क्या शान तुम्हारी है

1 न्योछावर

क्या पेश करूँ तुम को क्या चीज़ हमारी है
ये दिल भी तुम्हारा है ये जाँ भी तुम्हारी है

नक़्शा तिरा दिल-कश है सूरत तिरी प्यारी है
जिस ने तुम्हें देखा है सौ जान से वारी है

गो लाख बुरे हैं हम कहलाते तुम्हारे हैं
इक नज़र-ए-करम करना ये 'अर्ज़[1] हमारी है

1 अनुरोध

हम छोड़ कर इस दर को जाएँ तो कहाँ जाएँ
इक 'उम्र तुम्हारे ही टुकड़ों पे गुज़ारी है

'ताजी' तिरे सज्दे[1] से ज़ाहिद[2] को जलन क्यूँ है
क़ुदरत[3] ने जबीं-साई[4] क़िस्मत में उतारी है

1 नमाज़ पढ़ते समय माथा टेकने की क्रिया 2 त्यागी

3 प्रकृति, ईश्वर 4 दीनता और नम्रता का प्रदर्शन

❁

तुम्हीं को देखता है देखने वाला हक़ीक़त का
तुम्हीं को पा रहा है पाने वाला हुस्न-ए-क़ुद्रत[1] का

1 अच्छा स्वभाव

कहाँ फ़ितरत[1] के दामन में समाता हुस्न फ़ितरत का
भले को मिल गया आईना तेरी हुस्न-ए-सीरत[2] का

1 स्वभाव 2 अच्छी आदत

मिला तुझ से ही हुस्न-ए-ग़ैब[1] को मंज़र शहादत[2] का
तिरी क़ामत[3] से दुनिया को यक़ीं आया क़ियामत[4] का

1 लोक की ख़ूबसुरती 2 गवाही 3 डील डौल 4 सारी दुनिया का उलट-पलट

हक़ीक़त में यहाँ हर शय मोहम्मद[1] ही मोहम्मद है
मोहम्मद ही हक़ीक़ी राज़[2] है कसरत में वहदत[3] का

1 इस्लाम धर्म के प्रवर्तक पैग़म्बर साहब का शुभ नाम 2 भेद 3 एकता

बहार-ए-रंग-ओ-बू[1] से झोलियाँ भर दीं ज़माने की
तुम्हारा फूल सा चेहरा चमन-आरा[2] है फ़ितरत का

1बहार का रंग और सुगंध 2माली

किसी को भी मोहब्बत हो किसी से भी मोहब्बत हो
'ज़हीन'-ए-यूसुफ़ी[1] मर्कज़[2] है वो हुस्न-ओ-मोहब्बत का

1ज़हीन के पीर का नाम युसुफ़ है 2केंद्र

असरार-ए-हक़ीक़त[1] हो-हो कर असरार-ए-मोहम्मद[2] आते हैं
अनवार-ए-इलाही[3] बन-बन कर अनवार-ए-मोहम्मद[4] आते हैं

1 हक़ीक़त के भेद 2 हज़रत मोहम्मद के भेद 3 ख़ुदा की रौशनियाँ 4 हज़रत मोहम्मद की रौशनियाँ

अल्लाह के दीवाने बन कर हुशियार-ए-मोहम्मद आते हैं
मस्तान-ए-ख़ुदा[1] की दुनिया में नज़र सरशार-ए-मोहम्मद[2] आते हैं

1 ख़ुदा का मस्ताना 2 हज़रत मोहम्मद के नशे में चूर

दीदार-ए-इलाही[1] जन्नत में मौ'ऊद[2] है लेकिन जन्नत में
आते हैं वही जो मुश्ताक़[3] दीदार-ए-मोहम्मद[4] आते हैं

1 ईश्वर का दर्शन 2 वह चीज़ जिसका वादा किया गया है 3 इच्छुक 4 हज़रत मोहम्मद का पवित्र दर्शन

जन्नत के दर-ओ-दीवार मगर आईना-दार-ए-मदीना[1] हैं
रह-रह के मिरी आँखों में दर-ओ-दीवार-ए-मोहम्मद[2] आते हैं

1 मदीना को प्रतिबिंबित करने वाला 2 हज़रत मुहमम्द के दरवाज़ा और दीवार

इक तुम ही नहीं बीमार 'ज़हीन' इस बारगह-ए-महबूबी[1] में
अच्छे अच्छे होने के लिए बीमार-ए-मोहम्मद[2] आते हैं

1 महबूब का दरबार 2 हज़रत मोहम्मद के इश्क़ में बीमार

❄

अल्लाह नज़र आया 'इरफ़ान[1] की आँखों से
देखा जो मोहम्मद को ईमान[2] की आँखों से

1ख़ुदा की पहचान 2विश्वास

ये सूरत-ए-आदम[1] ही अल्लाह की सूरत है
पोशीदा[2] है ये सूरत शैतान की आँखों से

1 आदम की तस्वीर 2 गुप्त

वो रूह-ए-रवाँ[1] हो कर वो जान-ए-जहाँ[2] हो कर
कहते हैं हमें देखो तुम जान की आँखों से

1 वह आत्मा जो रगों में संचरित रहती है 2 संसार वासियों का प्राण

हर आन नई आनें हर आन नई शानें
इस आन की आँखों से इस शान की आँखों से

इंसाँ जिसे कहते हैं वो आँख की पुतली है
हक़ शाहिद-ए-बर-हक़[1] है इंसान की आँखों से

1 ख़ुदा की गवाही

मोमिन[1] वो 'ज़हीन' अपने मोहसिन[2] वो ज़हीन अपने
ईमान की आँखों में एहसान की आँखों से

1 ईमानदार मुसलमान 2 उपकार करने वाला

अदब कहता है सर के बल चलो राह-ए-मदीना[1] है
हरीम-ए-शाह-ए-दीं शाह-ए-'अरब[2] शाह-ए-मदीना[3] है

1 मदीना का रास्ता 2 हज़रत मोहम्मद 3 हज़रत मोहम्मद

ख़ुदा ने जिन को आँखें दीं यहाँ आँखें बिछाते हैं
जो अहल-ए-दिल[1] हैं अपने दिल को फ़र्श-ए-रह[2] बनाते हैं

1 दिल वाले 2 ज़मीन में बिछा हुआ

बिछी हैं औलिया-अल्लाह[1] की पेशानियाँ जिस में
मुझे वारफ़्तगी-ए-शौक़[2] लाई किस की मज्लिस[3] में

1 सूफ़ी 2 आत्मविस्मृति का शौक़ 3 सभा

हज़ारों बार अफ़ज़ल[1] 'अर्श[2] से अर्ज़-ए-मदीना[3] है
यहाँ हर ज़र्रा[4] अनवार-ए-इलाही[5] का ख़ज़ीना[6] है

1 सब से अच्छा 2 आकाश 3 मदीना की ज़मीन 4 छोटा सा अंश 5 ख़ुदा की रौशनियाँ 6 ख़ज़ाना

मदीने[1] की बहारों से दो-'आलम[2] में बहार आई
अज़ल[3] से ता-अबद[4] शाह-ए-मदीना[5] की है दाराई[6]

1 अरब का एक शहर 2 लोक-परलोक 3 वह समय जिसकी शुरुआत न हो 4 अनंत काल तक 5 हज़रत मोहम्मद 6 हुकूमत

जबीन-ए-मेहर-ओ-मह[1] ख़म[2] है उन्हीं के आस्ताने[3] पर
उन्हीं से है नुज़ूल-ए-रहमत-ए-बारी[4] ज़माने पर

1 सूरज और चाँद की पेशानी 2 झुका हुआ 3 सूफ़ी का घर 4 रहमत की बारिश का बरसना

मंक़बत

अ'ली मौला[1] अ'ली मौला अ'ली मौला अ'ली मौला
ज़बाँ के साथ दिल बोला अ'ली मौला अ'ली मौला

1 हज़रत अली

अ'ली आ'ला[1] है औला[2] है अ'ली का बोल बाला है
जो बाला है वो ये बोला अ'ली मौला अ'ली मौला

1 बुलंद 2 सबसे अच्छा

अ'ली ताहिर[1] हैं मज़हर[2] हैं मुक़द्दम[3] हैं मोअख़्ख़र[4] हैं
अ'ली ऊला अ'ली ऊला अ'ली मौला अ'ली मौला

1 पाक 2 प्रकट होना का स्थान 3 सर्वप्रथम 4 अंत

अ'ली नफ़्स-ए-पयम्बर[1] हैं अ'ली बेहतर हैं बरतर[2] हैं
हर इक मीज़ान[3] में तौला अ'ली मौला अ'ली मौला

1 पैग़म्बर का अस्तित्व 2 बड़ा 3 तराज़ू

अ'ली की बादशाही है अ'ली इस्म-ए-इलाही[1] है
अ'ली ने सिर्र-ए-हक़[2] खोला अ'ली मौला अ'ली मौला

1 ख़ुदा का नाम 2 ख़ुदा के भेद

'ज़हीन'-ए-मस्त-ए-मौला[1] ने शराब-ए- 'इश्क़[2] मौला में
ग़म-ए-कौनैन[3] को घोला अ'ली मौला अ'ली मौला

1 बेपरवाह ज़हीन 2 इश्क़ की शराब 3 दोनों संसार का ग़म

वारिस-ए-सय्यदुल-अनाम[1] हुसैन
तुम पे अल्लाह का सलाम हुसैन

1 हज़रत मोहम्मद के वारिस

मुक़तदा-ए-जहाँ[1] इमाम हुसैन
शाह-ए-दीं[2] सरवर-ए-अनाम[3] हुसैन

1 दुनिया का पेशवा 2 हज़रत मोहम्मद 3 हज़रत मोहम्मद

जिस को पैग़ाम-ए-आख़िरी कहिए
हैं वो अल्लाह का पयाम[1] हुसैन

1 शुभ

राकिब-ए-दोश[1] साहिब-ए-मे'राज[2]
अल्लाह अल्लाह तिरा मक़ाम हुसैन

1 कन्धों पे सवार 2 हज़रत मोहम्मद

रूह की ताज़गी है तेरी याद
दिल की तस्कीन[1] तेरा नाम हुसैन

1 दिलासा

तेरा बंदा 'ज़हीन-ताजी' है
ताजवर हैं तिरे ग़ुलाम हुसैन

क़ुतुब-ए-अर्ज़-ओ-समा[1] हैं कुतुबुद्दीन
मर्कज़-ए-औलिया[2] हैं कुतुबुद्दीन

1 आसमान और ज़मीन के क़ुतुब 2 सूफ़ियों का केंद्र

जल्वा-ए-किबरिया[1] हैं कुतुबुद्दीन
वारिस-ए-मुस्तफ़ा[2] हैं कुतुबुद्दीन

1 ईश्वर का दर्शन 2 हज़रत मोहम्मद के वारिस

देखते हैं वही दिखाते हैं
हक़ निगर हक़-नुमा[1] हैं कुतुबुद्दीन

1 ईश्वर का तेज दिखाने वाला

हर अदा दिल-नवाज़[1] दिल-परवर[2]
दर्द-ए-दिल[3] की दवा हैं कुतुबुद्दीन

1 पसंदीदा 2 दिल जोई करना 3 दिल का दर्द

जल्वा-गाह-ए-जमाल-ए-लम-यज़ली[1]
क्या बताऊँ कि क्या हैं कुतुबुद्दीन

1 दर्शन की जगह

चश्म-ए-जाँ[1] से 'ज़हीन' देखा है
जान अहल-ए-सफ़ा[2] हैं कुतुबुद्दीन

1 जान की आँख 2 पाक लोग

मिरी दुनिया-ओ-मा-फ़ीहा[1] हमीदुद्दीन नागौरी
मुसल्लम[2] तारिकुद्दुनिया[3] हमीदुद्दीन नागौरी

1 दुनिया और जो कुछ इस दुनिया में है 2 सर्वमान्य 3 सन्यासी

हुए फ़ारिग़[1] अ'निल-उ'क़्बा[2] हमीदुद्दीन नागौरी
यक़ीनन वासिल-ए-मौला[3] हमीदुद्दीन नागौरी

1 निश्चिंत 2 परलोक से 3 ईश्वर को प्राप्त

न दुनिया है न उ'क़्बा[1] है फ़क़त[2] मौला ही मौला है
ख़ुलूस-ए- 'इश्क़-ओ-इरफ़ाँ[3] हैं हमीदुद्दीन नागौरी

1 परलोक 2 केवल 3 'इश्क़ और ब्रह्मज्ञान की निष्ठा

वही फ़ानी[1] में फ़ानी हैं वही बाक़ी में बाक़ी हैं
सरापा इल्म-ओ-इरफ़ाँ[2] हैं हमीदुद्दीन नागौरी

1मिटने वाला 2 ज्ञान और मारिफ़त

वो हैं तौहीद[1] में तफ़रीद[2] में तजरीद[3] में यकता[4]
मुई'नुद्दीन-ए-दौराँ[5] हैं हमीदुद्दीन नागौरी

1 ख़ुदा के एक होने का यक़ीन 2 अकेला रह जाना 3 संसार से अलग रहना 4 निराला 5 अपने वक़्त के मुई'नुद्दीन

हर इक पीर-ए-तरीक़त[1] ने 'ज़हीन' इरशाद फ़रमाया
यक़ीनन पीर-ए-पीराँ[2] हैं हमीदुद्दीन नागौरी

1 मुर्शिद 2 पीरों के पीर अर्थात बड़े पीर

❁

हरीम-ए-हुस्न-ए-हक़[1] दरबार-ए-महबूब-ए-इलाही है
कि दीदार-ए-ख़ुदा[2] दीदार-ए-महबूब-ए-इलाही है

1 ईश्वर के हुस्न की चार दिवारी 2 ईश्वर का पवित्र दर्शन

दिल-ए-मुर्दा[1] यहाँ होता है ज़िंदा रूह-ए-इरफ़ाँ[2] से
वही अच्छा है जो बीमार-ए-महबूब-ए-इलाही है

1 मुर्दा दिल 2 ब्रह्मज्ञान की आत्मा

ग़ुरूर-ए-बादशाही[1] सर-निगूँ[2] है उन के क़दमों में
कि सुल्तानी-ए-आ'लम[3] कार-ए-महबूब-ए-इलाही[4] है

1 बादशाही का ग़ुरूर 2 सर के बल 3 दुनिया की बादशाही 4 महबूब-ए-इलाही का काम

यहाँ अल-फ़क्रो-फ़ख़्री[1] की हक़ीक़त कार-फ़रमा[2] है
अमीरी ग़ाशिया-बरदार[3]-ए-महबूब-ए-इलाही है

1 अपने इफ़्लास या ग़रीबी पर फ़ख़्र करना 2 काम करने वाला 3 सामान्य नौकर

हक़ीक़त में मय-ए-हुब्ब-ए-इलाही[1] के वो साक़ी[2] हैं
हर इक मस्त-ए-ख़ुदा[3] मय-ख़्वार[4]-ए-महबूब-ए-इलाही है

1 ईश्वर प्रेम की शराब 2 शराब पिलाने वाला 3 खुदा का मस्त 4 शराब पीने वाला

'ज़हीन' अल्हम्दु-लिल्लाह[1] ख़ल्वत-ए-दिल[2] जल्वत-ए-दिल[3] में
हमेशा गर्मी-ए-बाज़ार[4]-ए-महबूब-ए-इलाही है

1 ईश्वर की प्रशंसा 2 दिल का एकांत 3 दिलों का हुजूम 4 धूम

ऐ ख़्वाजा 'अर्श आस्ताँ मख़्दूम-ए-साबिर कलियरी
मसनद-नशीन-ए-ला-मकाँ[1] मख़्दूम-ए-साबिर कलियरी

1 पवित्र स्थान के मसनद पर बैठने वाले

ताज़ा बहार-ए-बाग़-ए-जाँ मख़्दूम-ए-साबिर कलियरी
सर ता-क़दम[1] रूह-ओ-रवाँ[2] मख़्दूम-ए-साबिर कलियरी

1 सर से पैर तक 2 आत्मा

दुनिया-ए-अस्मा-ओ-सिफ़ात[1] आई नज़र मह्व-उल-जिहात[2]
तनज़ीह-ए-ज़ाती[3] के निशाँ मख़्दूम-ए-साबिर कलियरी

1 गुण और नामों की दुनिया 2 दिशाओं में लीन 3 ऐब से पाक अर्थात ईश्वर

ये सुकर है या सह्व है तू ज़ात-ए-हक़[1] में महव[2] है
तू है निहाँ हक़ है 'अयाँ[3] मख़्दूम-ए-साबिर कलियरी

1 ख़ुदा 2 मिटाना 3 स्पष्ट

ऐ रहमतुल-लिल-आलमीं[1] के जाँनशीन-ओ-जाँनशीं[2]
ख़ल्क़-ए-ख़ुदा[3] पर मेहरबाँ मख़्दूम-ए-साबिर कलियरी

1 तमाम जहाँ के लिए रहमत यानी हज़रत मोहम्मद 2 उत्तराधिकारी 3 बन्दों का ख़ुदा

जान-ए-ज़हीन-ए-बेनवा[1] ऐ ऐ'न[2] ताज-उल-औलिया[3]
ऐ सिर्र-ए-गिरोह-ए-ताजियाँ[4] मख़्दूम-ए-साबर कलियरी

1 बेबस ज़हीन की जान 2 बिल्कुल 3 बाबा ताजुद्दीन 4 बाबा ताजुद्दीन के गिरोह का भेद

शर्ह-ए-रब्ब-उल-आ'लमीं[1] है शान-ए-ताज-उल-औलिया[2]
हाँ रहे हैं सब तह-ए-दामान[3]-ए-ताज-उल-औलिया

1 दोनों जगत के रब की व्याख्या 2 बाबा ताजुद्दीन का मक़ाम 3 दामन के निचे

मौजिब-ए-तकवीन[1] है फ़रमान-ए-ताज-उल-औलिया
रोज़-ओ-शब शाम-ओ-सहर[2] क़ुर्बान-ए-ताज-उल-औलिया

1 सृजन का कारण 2 दिन और सुबह, शाम और सवेरा

सर ब-सर[1] शान-ए-ख़ुदा[2] है शान-ए-ताज-उल-औलिया
क्यूँ न हो इ'रफ़ान-ए-हक़[3] इ'रफ़ान-ए-ताज-उल-औलिया

1 पूरा का पूरा 2 ख़ुदा की शान 3 हक़ीक़त की पहचान

क्या ख़ुदा क्या अंबिया[1] क्या औलिया[2] क्या अस्फ़िया[3]
एक जल्वा है ब-सद[4] उन्वान-ए-ताज-उल-औलिया

1 कई सारे नबी 2 सूफ़ी 3 बहुत से सूफ़ी 4 बहुत

कुल्लो-यौमिन-हुवा-फ़ी-शानिन[1] के हर आईना में
देखने वालों ने देखी शान-ए-ताज-उल-औलिया

1 हर दिन उसकी एक नई शान है

मस्त है तेरे तरानों से फ़ज़ा-ए-दिल[1] 'ज़हीन'
मर्हबा[2] ऐ बुलबुल-ए-बुस्तान-ए-ताज-उल-औलिया

1 दिल का वातावरण 2 क्या कहना

ख़ुदाई फ़ौज के सालार[1] ताजुद्दीन बाबा हैं
ख़ुदा की आख़िरी तलवार ताजुद्दीन बाबा हैं

1 सरदार

मय-ए-तौहीद[1] से सरशार[2] ताजुद्दीन बाबा हैं
यहाँ ख़म्र-ओ-ख़ुम-ओ-ख़ुम्मार[3] ताजुद्दीन बाबा हैं

1 एकत्व की शराब 2 नशे में चूर 3 शराब और पैमाना और मस्ती

हक़ीक़त में ये सज्दों[1] की हक़ीक़त है ये का'बा[2] की
ख़ुद अपने सामने सरकार ताजुद्दीन बाबा हैं

1 सिर झुकाना 2 मक्के में स्थित मुसलमानों का पवित्रतम धर्मस्थल जहाँ मुसलमान लोग हज करने जाते हैं

जहाँ सरकार ताजुद्दीन बाबा हैं नहीं कोई
जहाँ हम हैं वहीं सरकार ताजुद्दीन बाबा हैं

हक़ीक़त सम्मा-वजहुल्लाह[1] की है मुन्कशिफ़[2] हम पर
जिधर मुँह कीजिए सरकार ताजुद्दीन बाबा हैं

1 कुरान की आयत जिस तरफ़ तुम मुंह करो वहीं ईश्वर का का स्थान है 2 प्रकट

उन्हीं के मुख़्तलिफ़[1] नामों से है दैर-ओ-हरम[2] ज़िंदा
मता'-ए-काफ़िर-ओ-दीँदार[3] ताजुद्दीन बाबा हैं

1 अन्य 2 मंदिर और मस्जिद 3 इंकार और इक़रार वालों की पूँजी

तुम मेरा दीं मेरी दुनिया या हज़रत बाबा ताजुद्दीन
तुम मेरे हो सब कुछ है मिरा या हज़रत बाबा ताजुद्दीन

तुम शक्ल-ए-बशर[1] में नूर-ए-ख़ुदा[2] या हज़रत बाबा ताजुद्दीन
जिस ने तुम्हें देखा क्या देखा या हज़रत बाबा ताजुद्दीन

1 इंसान की शक्ल 2 ख़ुदा का नूर

अल्लाह के दस्त-ए-क़ुदरत[1] में क्या चीज़ नहीं है सब कुछ है
वो हाथ तुम्हारे हाथ आया या हज़रत बाबा ताजुद्दीन

1 ख़ुदा का हाथ

आँसू हैं बुतों की आँखों में पत्थर का कलेजा पानी है
ये सोज़-ओ-गुदाज़-ए- 'इश्क़[1] तिरा या हज़रत बाबा ताजुद्दीन

1 इश्क़ में जलने और पिघलने का भाव

इस नाम से दिल को क़ुव्वत है इस नाम से 'इश्क़ में जुर्अत है
क्या नाम है तेरा नाम-ए-ख़ुदा[1] या हज़रत बाबा ताजुद्दीन

1 ख़ुदा का नाम

नागाह[1] ज़मीर-ए-फ़ितरत[2] में आसूदा[3] तमन्नाएँ जागीं
लब-हा-ए-तमन्ना[4] पर आया या हज़रत बाबा ताजुद्दीन

1 अचानक 2 स्वभाव का मन में 3 संतुष्ट 4 तमन्ना के होंट

दीन-ओ-दुनिया की तबाही की तरफ़ जाते हो तुम
रूह-ए-ताजुद्दीन बाबा पर सितम ढाते हो तुम

फूल फ़ोटो पर चढ़ाना सर झुकाना पूजना
और जिस दिल में हैं बाबा उस से टकराते हो तुम

पर्चा-ए-क़िरतास[1] की निस्बत का इतना एहतिराम[2]
आदमी की निस्बतों पर ग़ौर फ़रमाते हो तुम

1 काग़ज़ का टुकड़ा 2 आदर

औलिया-अल्लाह[1] से लाज़िम[2] नहीं बुग़्ज़-ओ-इ'नाद[3]
क्यूँ ख़ुदा के दुश्मनों में नाम लिखवाते हो तुम

1 सूफ़िया 2 आवश्यक 3 बैर और द्वेष

जिस को बाबा के ख़लीफ़ा[1] ने ख़िलाफ़त[2] की अ'ता[3]
फ़र्क़ मुस्तख़्लिफ़[4] से मुस्तख़्लिफ़ में क्या पाते हो तुम

1 उत्तराधिकारी 2 ख़लीफ़ा का पद पाना 3 प्रदान 4 ख़लिफ़ा का पद पाने वाला

अल्लाह अल्लाह अ'ज़मत-ए-सरकार[1]-ए-ताज-उल-औलिया
हैं ज़मीन-ओ-आसमाँ दरबार-ए-ताज-उल-औलिया

1 बाबा ताजुद्दीन की बड़ाई

कंज़-ए-मख़्फ़ी[1] है सर-ए-बाज़ार[2]-ए-ताज-उल-औलिया
है ज़ुहूर-ए-ज़ात-ए-हक़[3] इज़हार-ए-ताज-उल-औलिया

1 छुपा हुआ खज़ाना 2 बीच बाज़ार में 3 ईश्वर का प्रकट होना

फ़िल-हक़ीक़त[1] दश्त-ए-ऐमन[2] दश्त-ए-ताजाबाद[3] है
तूर-ए-पैकर[4] हैं दर-ओ-दीवार[5]-ए-ताज-उल-औलिया

1 वास्तव में 2 शाम की एक वादी 3 ताजाबाद 4 तूर पहाड़ 5 घर और दीवार

है वही आज़ाद-ए-दो-आलम[1] जो है इन का असीर
है मसीहा-ए-ज़माँ[2] बीमार-ए-ताज-उल-औलिया

1 लोक परलोक 2 दुनिया का मसीहा

नूर ज़ुल्मत[1] के ए'वज़[2] इस्याँ[3] के बदले मग़्फ़िरत[4]
अल्लाह अल्लाह गर्मी-ए-बाज़ार[5]-ए-ताज-उल-औलिया

1 अंधकार 2 मुआवज़ा 3 पाप 4 पाप की क्षमा 5 चहल-पहल

है 'ज़हीन' अपना पता ख़ुम-ख़ाना-ए-तौहीद[1] में
मस्त-ए-ताज-उल-औलिया सरशार[2]-ए-ताज-उल-औलिया

1 एकत्व का शराब-ख़ाना 2 नशे में चूर

हरीम-ए-ज़ात[1]-ए-मुतलक़[2] घर है ताजुद्दीन बाबा का
कि हर जल्वा हिजाब-ए-दर[3] है ताजुद्दीन बाबा का

1 ईश्वर का महल 2 कुछ भी 3दरवाज़े का पर्दा

हरम[1] देखा हरीम-ए-पंजतन[2] देखी जिधर देखा
यही देखा कि ये भी घर है ताजुद्दीन बाबा का

1 पाक का'बा 2 हज़रत मोहम्मद के पाँच संबंधियों का घर

दिलों के मुल्क[1] में उन की शहंशाही मुसल्लम[2] है
मुनक़्क़श[3] नाम हर दिल पर है ताजुद्दीन बाबा का

1 देश 2 स्वीकार्य 3 चित्रित, अंकित

नज़र में रहमतुल-लिल'आलमीं[1] का खिंच गया नक़्शा
अ'जब लुत्फ़-ए-जहाँ-परवर[2] है ताजुद्दीन बाबा का

1 तमाम जहाँ के लिए रहमत अर्थात हज़रत मोहम्मद 2 दुनिया को पालने वाले का आनंद

जुनून-ओ-होश दोनों मुत्तफ़िक़[1] हैं इस मक़ूले[2] में
कि शाहों से गदा बेहतर है ताजुद्दीन बाबा का

1 सहमत 2 कहावत

'ज़हीन' इस राज़ को सरकार-ए-यूसुफ़-शाह[1] ने खोला
वही 'ताजी' है जो मज़हर[2] है ताजुद्दीन बाबा का

1 हज़रत युसुफ़ ताज़ी 2 जहाँ कुछ दिखाया जाए

हैदर[1] की आँखों के तारे ग़ौस मोहम्मद यूसुफ़ शाह
ज़हरा[2] के प्यारों के प्यारे ग़ौस मोहम्मद यूसुफ़ शाह
1 हज़रत अली 2 हज़रत फ़ातिमा

ताजुद्दीन के राज दुलारे ग़ौ मोहम्मद यूसुफ़-ए-शाह
राज हमारे ताज हमारे ग़ौस मोहम्मद यूसुफ़ शाह

'इश्क़ समुंदर दिल है कश्ती हुस्न-ए-यूसुफ़[1] कश्तीबाँ[2]
जिस को चाहे पार उतारे ग़ौस मोहम्मद यूसुफ़ शाह
1 हज़रत युसुफ़ का हुस्न 2 नाविक

बाबा की सूरत में दरिया अपनी सूरत में हैं कश्ती
मेरी सूरत में हैं किनारे ग़ौस मोहम्मद यूसुफ़ शाह

जज़्ब-ओ-सुलूक[1] के दोनों दरिया आप की दो आँखों में डूबे
हम उन दो आँखों के मारे ग़ौस मोहम्मद यूसुफ़ शाह
1 ईश्वर की तलाश

सिलसिला-ए-अर्बाब-ए-वफ़ा[1] के वो सरताज[2] 'ज़हीन' हुए
जिन की ज़ुल्फ़ें[3] आप सँवारे ग़ौस मोहम्मद यूसुफ़ शाह
1 वफ़ा करने वाले का सिलसला 2 सर का ताज 3 केश

❁

कलाम

तू ने दीवाना बनाया तो मैं दीवाना बना
अब मुझे होश की दुनिया में तमाशा न बना

'इश्क़ में दीदा[1]-ओ-दिल शीशा-ओ-पैमाना बना
झूम कर बैठ गए हम वहीं मय-ख़ाना बना
1 दृष्टि

ये तमन्ना है कि आज़ाद-ए-तमन्ना[1] ही रहूँ
दिल-ए-मायूस को मानूस-ए-तमन्ना न बना
1 इच्छाओं से मुक्त

ज़ौक़-ए-बर्बादी-ए-दिल[1] को भी न कर तू बर्बाद
दिल की उजड़ी हुई बिगड़ी हुई दुनिया न बना
1 दिल की बर्बादी का शौक़

यूसुफ़-ए-मिस्र[1] तमन्ना तेरे जल्वों के निसार
मेरी बेदारियों को ख़्वाब-ए-ज़ुलैख़ा[2] न बना
1 मिस्र के अतिसुन्दर व्यक्ति 2 मिस्र के राजा की पत्नी का स्वप्न

निगह-ए-नाज़[1] से पूछेंगे किसी दिन ये 'ज़हीन'
तू ने क्या क्या न बनाया कोई क्या क्या न बना
1 प्रेमिका की नज़र

बस उन की ख़ुशी जानना चाहता हूँ
वो ख़ुद जानते हैं मैं क्या चाहता हूँ

सुकून-ए-दिल[1]-ए-मुब्तला चाहता हूँ
ग़म-ए-'इश्क़[2] की इंतिहा चाहता हूँ

1 दिल का आराम 2 इश्क़ का ग़म

मैं ख़ुद अपनी निस्बत से क्या चाहता हूँ
तुम्हारा ही चाहा हुआ चाहता हूँ

वफ़ा ही जवाब-ए-वफ़ा[1] चाहता हूँ
जुनून-ए-मोहब्बत[2] ये क्या चाहता हूँ

1 वफ़ा का जवाब 2 मोहब्बत का जुनून

मोहब्बत में हर मुद्दआ'[1] से गुज़र कर
मैं तकमील[2]-ए-हर मुद्दआ' चाहता हूँ

1 स्वार्थ 2 पूर्णता

'ज़हीन' अपने दिल से किया जिस ने बद-दिल[1]
वही ग़म्ज़ा-ए-दिल-रुबा[2] चाहता हूँ

1 निराश 2 प्रेमिका की आँखों का संकेत

जब मैं न देखता हूँ तो देखा करूँ तुझे
बुत-ख़ाना-ए-ख़याल[1] में पूजा करूँ तुझे

1 कल्पनाओं का मंदिर

घबरा गया हूँ दैर-ओ-हरम[1] की क़ुयूद[2] से
क्या आ'लम-ए-ख़याल[3] में पूजा करूँ तुझे

1 मंदिर और मस्जिद 2 पाबन्दी 3 कल्पना की दुनिया

हाँ क्यूँ रहे शरीक-ए-इ'बादत[1] ख़याल-ए-ग़ैर[2]
क्या मैं नहीं रहा हूँ कि सज्दा करूँ तुझे

1 पूजा में साझा 2 दूसरे का ख़याल

फिर क्या रहेगा वलवला[1] शौक़-ए-दीद[2] में
ऐ वो नज़र कि सिर्फ़ तमाशा करूँ तुझे

1 उत्साह 2 देखने का शौक़

लग जाएँ तेरे हुस्न की शोहरत को चार-चाँद
रुस्वा मुझे किया है तो रुस्वा करूँ तुझे

तेरी निगाह से तुझे देखा करूँ 'ज़हीन'
अपनी निगाह से भी छुपाया करूँ तुझे

यहाँ पीर-ए-मय-ख़ाना[1] हज़रत हमीं हैं
सलामत हैं अहल-ए-मलामत[2] हमीं हैं

1 शराब-ख़ाने का स्वामी 2 मलामत करने वाले

अमीन-ए-सुजूद-ए-मोहब्बत[1] हमीं हैं
तिरी बंदगी की हक़ीक़त हमीं हैं

1 मोहब्बत के सज्दे का भरोसेमंद

लरज़ते[1] हुए कोहसारों[2] के आगे
उठा लें जो बार-ए-अमानत[3] हमीं हैं

1 काँपते 2 पर्वत 3 अमानत का बोझ

तिरे कुफ़्र-ओ-ईमाँ से क्या काम हम को
बहरहाल रहमत ही रहमत हमीं हैं

मोहब्बत किसी ने किसी से भी की हो
मगर उस मोहब्बत की ग़ायत[1] हमीं हैं

1 अंत

मोहब्बत ख़ुदा ला-शरीक-लहु[1] है
मोहब्बत मोहब्बत मोहब्बत हमीं हैं

1 उसका कोई साझा नहीं

जो जल्वा-गाह-ए-यार[1] है वो दिल यही तो है
हम जिस जगह हैं हुस्न की मंज़िल यही तो है

1 महबूब के जलवा दिखाने का स्थान

ख़ुद को न देखना है तुझे देखने की शर्त
जो दरमियाँ हिजाब[1] है हाइल[2] यही तो है

1 पर्दा 2 रुकावट

हल्की सी एक मौज-ए-तबस्सुम[1] में बह गया
जो बहर-ए-बे-कनार[2] था वो दिल यही तो है

1 मुस्कुराहट की मौज 2 अथाह समुन्दर

अब हर अदा-ए-हुस्न[1] पे होता है ये गुमाँ
जो लूट ले गई है मिरा दिल यही तो है

1 हुस्न की अदा

दोनों जहाँ को तेरी मोहब्बत में भूलना
इक बात याद रखने के क़ाबिल यही तो है

ऐ दोस्तो 'ज़हीन' को पहचानता हूँ मैं
सब से अलग जो सब में है शामिल यही तो है

मौला मौला लाख पुकारें मौला हाथ न आए
लफ़्ज़ों से हम खेल रहे हैं मा'नी हाथ न आए

जो पानी के नाम को जाने पानी है नादानी है
पानी-पानी करते करते प्यासा ही मर जाए

शो'ला-शो'ला रटते-रटते लब पर आँच न आए
लब पर अगर चिंगारी रख लो तो लब फ़ौरन जल जाए

इस्म[1] पे क़ाने'[2] होने वाला और मुसम्मा[3] खोने वाला
काम न करने वाला मूरख नाम से जी बहलाए

1 नाम 2 संतुष्ट रहने वाला 3 नाम वाला

मश्क़-ए-नाम-ए-लैला[1] कुछ क़ैस के काम न आए
लैला-लैला रटते-रटते ख़ुद लैला बन जाए

1 लैला का बार बार नाम लेना

जो बहार आई मिरे गुलशन-ए-जाँ[1] से आई
ख़ाक के ढेर में ये बात कहाँ से आई

1 जान का बाग़ीचा

वो नज़र है जो मुशर्रफ़[1] है रुख़-ए-साक़ी[2] से
वो ख़बर है जो दर-ए-पीर-ए-मुग़ाँ[3] से आई

1 जिसने दर्शन किया हो 2 साक़ी का चेहरा, महबूब 3 मदिरालय के प्रबंधक के द्वार से

'इश्क़ मंज़िल पे फ़क़त राह-ए-यक़ीं[1] से पहुँचा
अ'क़्ल नाकाम रही वहम-ओ-गुमाँ[2] से आई

1 विश्वास का द्वार 2 कल्पना और संदेह

'इश्क़ ग़म और ख़ुशी एक समझ बैठा है
तेरे हँसने की जो आवाज़ फ़ुग़ाँ से आई

रंग-ओ-बू[1] हुस्न-ओ-जवानी में है आ'लम[2] सरशार[3]
तेरे आने की ख़बर कौन-ओ-मकाँ[4] से आई

1 रंग और सुगंध 2 संसार 3 मस्त 4 दोनों जगत

ख़ाक हूँ पाक हूँ अदना भी हूँ आ'ला भी 'ज़हीन'
ख़ुद पहुँच जाएगी जो चीज़ जहाँ से आई

सरापा हुस्न भी तुम हो सरापा 'इश्क़ भी तुम हो
ये अपनी ज़िंदगी तुम हो कि मेरी ज़िंदगी तुम हो

तुम्हारा हुस्न-ए-कामिल[1] हर कमी से पाक है लेकिन
मोहब्बत लाख कामिल क्यूँ न हो उस की कमी तुम हो
1 परिपूर्ण हुस्न

यही दो ज़ाविए[1] फ़िक्र-ओ-नज़र[2] के हैं मोहब्बत में
कभी तुम हो वही मैं हूँ कभी मैं हूँ वही तुम हो
1 दृष्टिकोण 2 सोच विचार

मुबारक तुम को शान-ए-बे-नियाज़ी[1] ऐ बुतो लेकिन
तुम्हीं नाज़-ए-मोहब्बत[2] हो ग़ुरूर-ए-बंदगी[3] तुम हो
1 बे-रुख़ी की अदा 2 मोहब्बत का नाज़ 3 पूजा का अहंकार

ब-फ़ैज़-ए-बुत-परस्ती[1] तुम 'ज़हीन' अल्लाह वाले हो
ख़ुदा याद आए जिस को देख कर वो आदमी तुम हो
1 बुत पूजने के उपकार से

जिस को मरना नहीं आता वही मर जाता है
तुम पे मरता है वो मरने से गुज़र जाता है

'इश्क़ जिस राह में बे-ख़ौफ़-ओ-ख़तर[1] जाता है
'अक़्ल वाला तो उसे देख के डर जाता है
1 बिना कसी भय के

दिल की मौजों के हवाले है सफ़ीना[1] दिल का
दिल को ख़ुद भी नहीं मा'लूम किधर जाता है
1 नाव

'आलम-ए-'इश्क़[1] में हम ने तो ये देखा है 'ज़हीन'
कोई कितना ही बिगड़ जाए सँवर जाता है
1 प्रेम का संसार

❁

हुज़ूर-ओ-ग़ैब[1] में कुछ इम्तियाज़[2] हो तो कहूँ
हक़ीक़त अपनी नज़र में मजाज़[3] हो तो कहूँ

1 सामने और पीठ पीछे 2 अंतर 3 फ़र्ज़ी

हदीस-ए-राज़[1] है मेरा फ़साना-ए-उल्फ़त[2]
यही फ़साना जो दाना-ए-राज़[3] हो तो कहूँ

1 भेद की बात 2 प्रेम कथा 3 भेदों को जानने वाला

पयाम-ए-'इश्क़[1] तलब-गार-ए-दिल-नवाज़ी[2] है
अगर जहाँ में कोई दिल-नवाज़[3] हो तो कहूँ

1 प्रेम का संदेश 2 उदारता का इच्छुक 3 अच्छा दिखने वाला

हज़ार शम्अ'[1] जलें और लाख परवाने
ख़ुद-आगही[2] में ये सोज़-ओ-गुदाज़[3] हो तो कहूँ

1 चराग़ 2 अपने को पहचानना 3 दुःख और पीड़ा की स्थिति

मैं देखता हूँ हर इक शय ख़ुदा की हम्द में है
सनम-कदे[1] में कोई बे-नमाज़ हो तो कहूँ

1 बुत- खाना

'ज़हीन' कसरत-ए-नुसरत[1] है जल्वा-ए-महमूद[2]
मिरी निगाह में कोई अयाज़ हो तो कहूँ

1 प्रचुर सहायता 2 महमूद का जल्वा

'इश्क़ है जिस मक़ाम में कोई भी दूसरा नहीं
मैं भी तिरे सिवा नहीं तू भी मिरे सिवा नहीं

'अक़्ल की मस्लहत[1] सही 'इश्क़ का मुद्द'आ[2] नहीं
दिल न क़ुबूल कर सके ऐसी दु'आ दु'आ नहीं

1 नीति 2 वो चीज़ जिस पर दावा हो

क़स्द[1] नहीं तलब नहीं रह नहीं रहनुमा[2] नहीं
'इश्क़ है ख़ुद ही मुद्द'आ 'इश्क़ में मुद्द'आ नहीं

1 इरादा 2 आगे-आगे चलने वाला

नक़्श-ए-सुजूद[1] हर तरफ़ नाम को नक़्श-ए-पा[2] नहीं
मंज़िल-ए-'इश्क़[3] सर हुई एक क़दम चला नहीं

1सज्दों के निशान 2 पैर का निशान 3 इश्क़ की मंज़िल

'आलम-ए-कैफ़-ओ-कम[1] से दूर मह्व[2] है दिल तिरे हुज़ूर
रंज नहीं ख़ुशी नहीं दर्द नहीं दवा नहीं

1 मस्ती की हालत 2 खो जाना

शर्ह-ए-दिल-ओ-नज़र[1] 'ज़हीन' सिर्र-ए-ज़बान-ए- 'इश्क़[2] है
लफ़्ज़ नहीं बयाँ नहीं सौत[3] नहीं सदा नहीं

1 दिल और नज़र की व्याख़्या 2 'इश्क़ की ज़बान का भेद 3 आवाज़

मैं होश में हूँ तो तेरा हूँ दीवाना हूँ तो तेरा हूँ
हूँ राज़[1] अगर तो तेरा हूँ अफ़्साना[2] हूँ तो तेरा हूँ

1 भेद 2 कहानी

बर्बाद किया बर्बाद हुआ आबाद किया आबाद हुआ
वीराना हूँ तो तेरा हूँ काशाना हूँ तो तेरा हूँ

इस तेरी तजल्ली[1] के क़ुर्बां[2] क़ुर्बान-ए-तजल्ली[3] हर 'उन्वाँ[4]
मैं शम्अ' भी हूँ तो तेरा हूँ परवाना हूँ तो तेरा हूँ

1 चमक 2 न्योछावर 3 जल्वों पर न्योछावर 4 हर प्रकार से

तू लाख हिजाब[1] करे मुझ से या कोई पर्दा ही न रहे
मैं हूँ तो यगाना[2] तेरा हूँ बेगाना[3] हूँ तो तेरा हूँ

1 पर्दा 2 अपना 3 पराया

तू मेरे कैफ़[1] की दुनिया है तू मेरी मस्ती का 'आलम
पैमाना[2] हूँ तो तेरा हूँ मय-ख़ाना[3] हूँ तो तेरा हूँ

1 मस्ती 2 प्याला 3 शराब का अड्डा

हर ज़र्रा[1] 'ज़हीन' की हस्ती का तस्वीर है तेरी सर-ता-पा[2]
ओ का'बा-ए-दिल[3] ढाने वाले बुत-ख़ाना[4] हूँ तो तेरा हूँ

1 कण 2 सिर से पाँव तक 3 दिल का का'बा 4 मंदिर

तुम जिस दर्द के दरमाँ[1] हो उस दर्द की क़िस्मत क्या कहना
तुम तक़दीर-ए-मोहब्बत[2] हो तक़दीर-ए-मोहब्बत क्या कहना

1 इलाज 2 मोहब्बत की तक़दीर

'इश्क़ की सूरत में मुज़्मर[1] है हुस्न-ए-हक़ीक़त[2] क्या कहना
मैं गोया तेरी महफ़िल[3] हूँ तू मेरी ख़ल्वत[4] क्या कहना

1 छुपा हुआ 2 हक़ीक़त की ख़ूबसूरती 3 सभा 4 एकांत

दीवाना-ए-हुस्न[1] कभी था मैं अब हुस्न है मेरा दीवाना
ऐ जज़्ब-ए-'इश्क़[2] त'आलल्लाह तासीर-ए-मोहब्बत[3] क्या कहना

1 सुंदरता का दीवाना 2 मुहब्बत की कशिश 3 मोहब्बत का प्रभाव

आ मुझ से मुझ को ले भी ले बा-ख़ुद[1] हूँ तू बे-ख़ुद[2] कर दे
मैं तेरी मस्ती के सदक़े मस्ती की हसरत[3] क्या कहना

1 होश में 2 अपने होश में न होना 3 ना-उम्मीदी

उन मीठी-मीठी नज़रों से जान प्यारी-प्यारी बातों से
बे-दर्द[1] ने दर्द भी छीन लिया अब दिल की हालत क्या कहना

1 निर्दय

वो तेरा 'ज़हीन' वो दीवाना वो रिंद-ए-ख़राब-ए-मय-ख़ाना[1]
हर राज़[2] है उस का अफ़्साना[3] अब उस की हालत क्या कहना

1 वीरान शराब-ख़ाना का शराबी 2 भेद 3 कहानी

करम-ए-पीर-ए-मुग़ाँ[1] 'आम है मय-ख़ाने[2] में
दो-जहाँ[3] एक छलकते हुए पैमाने में

1 मुर्शिद का करम 2 शराब पिने की जगह 3 संसार और परलोक

कल जो मैं कहता था साक़ी[1] तिरे मय-ख़ाने में
इक वही लफ़्ज़ है मंसूर[2] के अफ़्साने में

1 शराब पिलाने वाला 2 एक प्रख्यात सूफ़ी

होश में भी नहीं और होश से बाहर भी नहीं
कौन सी बात है आख़िर तिरे दीवाने में

हस्ती-ए-दह्र[1] है मौक़ूफ़[2] मिरी हस्ती पर
सौ क़यामत हैं निहाँ इक मिरे मिट जाने में

1 संसार का अस्तित्व 2 निर्भर

ज़ौक़-ए-तकमील[1] है ग़ालिब ग़म-ए-बर्बादी[2] पर
एक लुत्फ़[3] आता है बन बन के बिगड़ जाने में

1 पूरे होने की लालसा 2 बर्बादी का ग़म 3 आनंद

नहीं असनाम[1] तो क्या रह गया का'बे[2] में 'ज़हीन'
हम तो का'बे को उठा लाए सनम-ख़ाने[3] में

1 मूर्तियाँ 2 मक्के में स्थित मुसलमानों का पवित्रतम धर्मस्थल जहाँ मुसलमान लोग हज करने जाते हैं 3 बुतख़ाना

दिल जा रहा है हाथ से हाथ आ रहा है क्या
समझा है दिल ने क्या मुझे समझा रहा है क्या

हद्द-ए-नज़र[1]से दूर नज़र आ रहा है क्या
दिल तुझ से बे-हिजाब[2] हुआ जा रहा है क्या
1 नज़र की सीमा 2 बे-पर्दा

चश्म-ए-हया[1] को आईना दिखला रहा है क्या
दिल आरज़ू-ए-शौक़[2] से शर्मा रहा है क्या
1 लज्जा की आँखें 2 शौक़ की इच्छा

तेरी तरफ़ निगाह थी लग़्ज़िश[1] निगाह की
क्या माँगता है ज़ौक़-ए-नज़र[2] पा रहा है क्या
1 ठोकर 2 नज़र का आनंद

था शर्त जिस की याद में हर शय[1] को भूलना
हर शय की याद से वही याद आ रहा है क्या
1 वस्तु

मैं ने 'ज़हीन' जिस पे लुटाई थी ज़िंदगी
वो मेरी ज़िंदगी ही बना जा रहा है क्या

ग़फ़लत न थी तसव्वुर-ए-दीदार-ए-यार[1]था
नज़्ज़ारा-ए-जमाल[2] में गुम इंतिज़ार था
1 महबूब के दर्शन का ख़याल 2 दर्शन

हूँ आ'लम-ए-सुकूँ[1] में कि आ'लम सुकूँ में है
मैं बे-क़रार था कि जहाँ बे-क़रार था
1 सुकून का संसार

थी सूरत-ए-हिजाब[1] हक़ीक़त निगाह की
जो राज़ आश्कार[2] न था आश्कार था
1 पर्दा में 2 प्रकट

साक़ी तेरी शराब में ये ख़ास बात थी
नश्शा ब-क़्दर-ए-हौसला-ए-बादा-ख़्वार[1] था
1 शराब पीने वाले के हौसला के अनुसार

कोई गुनाह होश से बढ़ कर नहीं गुनाह
जो मस्त हो गया वो बड़ा होशियार था

मैं हो गया ग़ुबार-ए-रह-ए-दोस्त[1] ऐ 'ज़हीन'
फिर भी किसी की ख़ातिर-ए-नाज़ुक[2] पे बार[3] था
1 दोस्त के रस्ते की धूल 2 कोमल दिल 3 बोझ

जी चाहे तू शीशा बन जा जी चाहे पैमाना बन जा
शीशा पैमाना क्या बनना मय बन जा मय-ख़ाना बन जा

मय बन कर मय-ख़ाना बन कर मस्ती का अफ़्साना बन जा
मस्ती का अफ़्साना बन कर हस्ती से बेगाना बन जा

हस्ती से बेगाना होना मस्ती का अफ़्साना बनना
इस होने से उस बनने से अच्छा है दीवाना बन जा

दीवाना बन जाने से भी दीवाना होना है अच्छा
दीवाना होने से अच्छा ख़ाक-ए-दर-ए-जानाना[1] बन जा

1 महबूब के चौखट की धूल

ख़ाक-ए-दर-ए-जानाना क्या है अहल-ए-दिल की[1] आँख का सुर्मा
शम्अ' के दिल की ठंडक बन जा नूर-ए-दिल-ए-परवाना[2] बन जा

1 दिल वाले 2 परवाने के दिल की रौशनी

सीख 'ज़हीन' के दिल से जलना काहे को हर शम्अ' पे जलना
अपनी आग में ख़ुद जल जाए तू ऐसा परवाना बन जा

कहूँ दोस्त से दोस्त की बात क्या क्या
रही दुश्मनों से मुलाक़ात क्या क्या

वो 'इश्वे[1] वो ग़म्ज़े[2] वो नग़मे वो जल्वे
तलब कर रहे हैं हम आफ़ात क्या क्या

1 अदा 2 आँखों और भवों का इशारा

जहाँ मुझ को आया ख़याल आ गए वो
दिखाई हैं दिल ने करामात[1] क्या क्या

1 चमत्कार

तिरी ज़ुल्फ़-ओ-रुख़्सार के धूप साए
मुझे याद आते हैं दिन रात क्या क्या

ये हिचकी ये आँसू ये आहें ये नाले[1]
मिली हैं मोहब्बत में सौग़ात क्या क्या

1 रोना धोना

उलट कर नक़ाब-ए-सिफ़ाती[1] जो देखा
'ज़हीन' आप थे जल्वा-ए-ज़ात[2] क्या क्या

1 गुणों का नक़ाब 2 ईश्वर का जल्वा

ख़ाक से लाला-ओ-गुल[1] सुम्बुल-ओ-रैहाँ[2] निकले
तुम भी पर्दे से निकल आओ कि अरमाँ निकले

1बूटे और फूल 2 सुगंधित घास

बंद आँखें किए हम मुंतज़िर-ए-जल्वा[1] रहे
जब खुली आँख तो ख़ुद जल्वा-ए-जानाँ[2] निकले

1 दर्शन का प्रतीक्षक 2 महबूब का जल्वा

बे-तकल्लुफ़[1] मुझे आज़ाद निगाही मंज़ूर
ख़ुद तअ'य्युन से मगर जल्वा-ए-जानाँ निकले

1 नि:संकोच

शैख़ मय-ख़ाने में आने को मुसलमाँ आया
काश मय-ख़ाने से निकले तो मुसलमाँ निकले

क्या कोई बज़्म-ए-हसीं[1] ज़ेर-ए-ज़मीं[2] और भी है
फूल क्यूँ चाक-ए-जिगर[3] चाक-ए-गरेबाँ[4] निकले

1 ख़ूबसूरत महफ़िल 2 धरती के नीचे 3 ज़ख़्मी दिल 4 फटा दामन

रंग-ओ-बू[1] क़ाफ़ला-दर-क़ाफ़ला[2] आए थे 'ज़हीन'
चंद उड़ते हुए साए थे गुरेज़ाँ निकले

1 रंग और ख़ुशबू 2 झुण्ड के झुण्ड

बहार-ए-बाग़-ए-गुलिस्तान-ए-सरमदी[1] हम हैं
ख़ुदा के साथ हैं दाइम वो आदमी हम हैं

1 शाश्वत बग़ीचे की बसंत ऋृतु

जिस अंजुमन में दिलों के चराग़ जलते हैं
उस अंजुमन में चराग़ों की रौशनी हम हैं

मिसाल-ए-बर्क़-ए-तमन्ना[1] ब-रंग-ए-आतिश-ए-शौक़[2]
ये आग जो है दिलों में लगी हुई हम हैं

1 इच्छा की बिजली के समान 2 शौक़ की आग की तरह

है एक आँख में सूरज तो एक आँख में चाँद
तग़य्युरात-ए-शब-ओ-रोज़[1] से बरी हम हैं

1 रात और दिन का कालचक्र

ये वाक़िआ' है कि सब कुछ है तू ही तू ऐ दोस्त
ये और बात कि जो कुछ है तू वही हम हैं

बहुत बड़े हैं हक़ीक़त में हम 'ज़हीन' मगर
रह-ए-मजाज़[1] में सब से बड़ी कमी हम हैं

1 काल्पनिक मार्ग

दो-जहाँ[1] जल्वा-ए-जानाँ[2] के सिवा कुछ भी नहीं
हम ने कुछ और न देखा तो ख़ता कुछ भी नहीं''

1 दोनों जगत 2 महबूब का जल्वा

कुछ न होने के सिवा दार-ए-फ़ना[1] कुछ भी नहीं
है अगर कुछ तो यहाँ ग़ैर-ए-ख़ुदा[2] कुछ भी नहीं

1 नश्वर संसार 2 ईश्वर के अतिरिक्त

इश्क़ हर-आन[1] नई शान नज़र रखता है
ग़मज़ा[2]-ओ-इश्वा[3]-ओ-अन्दाज़-ओ-अदा कुछ भी नहीं''

1 हर समय 2 अदा 3 आँखों का इशारा

ज़िंदगी सैल-ए-मुसलसल[1] है रवाँ और दवाँ
मौज-ओ-गिर्दाब[2]-ओ-तलातुम[3] की ख़ता कुछ भी नहीं

1 अनवरत सैलाब 2 भँवर 3 मौज

मुत्तफ़िक़ इश्क़ से इस बात में है अक़्ल 'ज़हीन'
दर्द हाथ आए तो सब कुछ है दवा कुछ भी नहीं

❁

कसरत-ए-हुस्न[1] में भी आ'लम-ए-तन्हाई[2] है
सैकड़ों जल्वे हैं हर जल्वे में यकताई है

1 हुस्न का झुरमुट 2 तन्हाई की हालत

बे-हिजाबी निगह-ए-शौक़[1] की रुस्वाई है
जब हिजाबात[2] में भी चश्म-ए-तमाशाई[3] है

1 शौक़ की आँख 2 परदे 3 तमाशा देखने वाली आँख

ऐ जुनूँ कौन सा आ'लम है ये अल्लाह अल्लाह
'इश्क़ मग़रूर है और हुस्न तमन्नाई है

सैक़ल-ए-सज्दा[1] से आईना है संग-ए-दर-ए-यार[2]
अपनी सूरत नज़र उस आईने में आई है

1 सज्दे की क़लई 2 महबूब के दरवाज़े का पत्थर

क़िस्सा-ए-सरमद-ओ-मंसूर[1] का हासिल है यही
कि ख़ता 'इश्क़ में ख़ामोशी-ओ-गोयाई[2] है

1 सरमद और मंसूर का क़िस्सा 2 चुप्पी और बोलने की शक्ति

ऐ 'ज़हीन' अब न वो सोज़िश[1] न तपिश[2] है न ख़लिश[3]
दिल-ए-अफ़्सुर्दा[4] चराग़-ए-शब-ए-तन्हाई[5] है

1 जलन 2 गर्मी 3 चुभन 4 निढ़ाल दिल 5 तन्हाई की रात का दीया

अल्लाह अल्लाह वो जमाल-ए-दिल-फ़रेब[1]
महफ़िल-ए-कौनैन[2] है महफ़िल-फ़रेब[3]

1 दिल लुभाने वाला सौन्दर्य 2 दोनों जगत की महफ़िल 3 दिल लुभाने वाली महफ़िल

ख़ुद-फ़रेबी[1] है ग़म-ए-मौत-ओ-हयात[2]
अब वो दरिया हो कि हो साहिल फ़रेब

1 स्वयं को धोका देना 2 जीवन और मृत्यु का दुःख

मैं जहाँ भी हूँ वहीं मंज़िल भी है
वर्ना हर जादा[1] हर एक मंज़िल फ़रेब

1 रास्ता

क़ैस[1] पर भी ये हक़ीक़त खुल गई
ख़ुद है लैला महमिल2-ओ-महमिल-फ़रेब

1 मजनूं का नाम 2 ऊँट पर कसी जाने वाली काठी

इश्क़ मुश्किल है न 'इश्क़ आसान है
इश्क़ में आसानी-ओ-मुश्किल फ़रेब

ये ख़ुदाई बंदगी में ऐ 'ज़हीन'
ये फ़रेब-ए-कामिल[1]-ओ-कामिल फ़रेब

1 सम्पूर्ण धोका

तेरे दर के फ़क़ीर हैं हम लोग
क्या अमीर-ओ-कबीर[1] हैं हम लोग

1 महान

दोनों आ'लम[1] की क़ैद से आज़ाद
एक तेरे असीर[2] हैं हम लोग

1 जगत 2 क़ैदी

हुस्न-ओ-ख़ूबी में बे-मिसाल हैं आप
'इश्क़ में बे-नज़ीर हैं हम लोग

दिल में रखते हैं चाँद सी सूरत
क्या ही रौशन-ज़मीर[1] हैं हम लोग

1 प्रकाशमान दिल

सर-बरहना[1] 'ज़हीन'-ए-ख़ाक-नशीं[2]
अहल-ए-ताज-ओ-सरीर[3] हैं हम लोग

1 नंगा सर 2 ज़मीन पर बैठने वाला"ज़हीन", विनम्र 3 ताज और तख़्त वाले

❀

आग़ाज़ अच्छा अंजाम अच्छा
निस्बत जो अच्छी हर काम अच्छा

सब नाम उन के हर नाम अच्छा
अच्छों से अपना हर काम अच्छा

अच्छे हैं यूँ तो सब नाम उन के
वो जिस से ख़ुश हों वो नाम अच्छा

नाम-ओ-निशान-ए-जाना[1] दिल-ओ-जाँ
मैं बे-निशान-ओ-बे-नाम अच्छा

1 महबूब का नाम-ओ-निशान

समझी है मंज़िल मैं ने गुज़रगाह[1]
ऐ पुख़्ता-कारो[2] मैं ख़ाम[3] अच्छा

1 आने जाने का मार्ग 2 जिसे काम का अनुभव हो 3 जिसे अनुभव न हो

क्या 'ज़हीन'-ए-ताजी की हस्ती
हिम्मत है अच्छी इल्ज़ाम अच्छा

❁

ग़ज़ल

कहीं उ'न्वान[1] बदला है कहीं तर्ज़-ए-बयाँ[2] बदला
अज़ल[3] से ता-अबद[4] अफ़्साना-ए-हस्ती[5] कहाँ बदला

1 शीर्षक 2 बात करने का अंदाज़ 3 अनादिकाल 4 वो समय जिसका अंत ज्ञात न हो 5 दुनिया का अफ़्साना

मकीं बदले मकाँ बदला ज़मीं बदली ज़माँ बदला
न बदले हुस्न-ओ-उल्फ़त हाँ ज़मीन-ओ-आसमाँ बदला

बदलने को हज़ारों करवटें बदलीं ज़माने ने
मगर मेरी जबीं बदली न तेरा आस्ताँ बदला

लिबास-ए-नौ-बनौ[1] हर दौर में बदले हैं दोनों ने
न इश्क़-ए-सरमदी[2] बदला न हुस्न-ए-जावेदाँ[3] बदला

1 नये-नए कपड़े 2 शाश्वत इश्क़ 3 शाश्वत हुस्न

वही पहला तबस्सुम आज तक है हुस्न के लब पर
वही पहली फ़ुग़ान-ए-इश्क़[1] है जिस से जहाँ बदला

1 इश्क़ का शोर

तग़य्युर[1] से बरी हुस्न-ओ-मोहब्बत की गुल-अफ़्शानी[2]
गराँ[3] गुज़री ज़माने पर ज़माना सर-गराँ[4] बदला

1 परिवर्तन 2 फूल बरसना 3 भारी, अप्रिय 4 अप्रसन्न

मोहब्बत रहनुमा अपनी मोहब्बत राहबर अपनी
उधर निकली तिरी मंज़िल जिधर उट्ठी नज़र अपनी

दिल-ए-बे-जज़्ब[1] अपना है न आह-ए-बे-असर[2] अपनी
इन आईनों में देखें वो अदाएँ जल्वा-गर अपनी

1 उदामीन 2 बे-असर आह

कहाँ से लाएगी उम्र-ए-दो-रोज़ा[2] अहद-ए-रफ़्ता[2] को
कहाँ यादश-ब-ख़ैर[3] अब शाम अपनी वो सहर अपनी

1 दो दिन वाली उम्र 2 बीता युग 3 उसकी याद बाक़ी रहे

मिज़ाज-ए-हुस्न-ए-ख़ुद-बीं[1] को मोहब्बत की नज़र समझी
समझते हैं मोहब्बत की नज़र को वो नज़र अपनी

1 अभिमानी हुस्न का स्वभाव

कहाँ है हुस्न को मस्ती में होश-ए-इल्तिफ़ात[1] ऐ दिल
वो क्या अपनी ख़बर लेंगे नहीं जिन को ख़बर अपनी

1 कृपा का होश

ज़हीन' अपने लिए दैर-ओ-हरम[1] दोनों बराबर हैं
जिधर से वो गुज़रते हैं वही है रहगुज़र अपनी

1 मंदिर और मस्जिद

दिल हुआ तेरी नज़र से फ़ैज़याब1
मैं तेरा जल्वा न तू मेरा हिजाब2

1 लाभान्वित 2 पर्दा

उन को मुझ से मुझ को उन से है हिजाब
देखिए पहले उठे किस का नक़ाब

वो जिसे दुनिया समझती है सुकूँ
दर-हक़ीक़त है कमाल-ए-इज़्तिराब[1]

1असीम व्याकुलता

ख़ाक बन कर कू-ए-जानाँ[1] में रहे
आदमी को वर्ना मिट्टी है ख़राब

1 प्रेमिका की गली

ता-बके[1] आ कर निज़ा'-ए-कुफ़्र-ओ-दीं[2]
तुम उठा दो रू-ए-रंगीं[3] से नक़ाब

1 कब तक 2 धर्म और अधर्म का झगड़ा 3 रंगीन चेहरा

ख़ाकसारी[1] हम को ज़ेबा[2] है 'ज़हीन'
हम कि हैं दिलदारगान-ए-बू-तुराब

1 विनम्रता 2 शोभनीय

वो आएँगे वो आते हैं वो आने को हैं वो आए
तसव्वुर को वो बहलाएँ तसव्वुर हम को बहलाए

वो चमका चाँद छटकी चाँदनी तारे निकल आए
वो क्या आए ज़मीं पर आसमाँ ने फूल बरसाए

अज़ल[1] से ता-अबद[2] है जल्वा फ़रमा हुस्न-ए-सद-शेवा
वही साहब नज़र है जो बराबर देखता जाए

1 अनादिकाल 2 जिसका अंत ज्ञात न हो

कहाँ इंसाँ कहाँ अक़्ल-ओ-ख़िरद[1] की बेड़ियाँ तौबा
ज़रा भी अक़्ल हो तो आदमी दीवाना हो जाए

1 अक़्ल

वजूद-ए-नूर[1] पर मौक़ूफ़[2] हैं आसार-ए-ज़ुल्मत[3] भी
न होगी रौशनी तो फिर कहाँ जाएँगे ये साए

1 प्रकाश का अस्तित्व 2 निर्भर 3 अंधकार का निशान

'ज़हीन' आसूदगी[1] राह-ए-तलब[2] में है ज़ियाँ-कारी[3]
हज़ारों कोस हैं वो दूर जो एक लम्हा सुस्ताए

1 आराम 2 इच्छा पथ 3 हानिकारक

मुहब्बत ग़म है तो आराम क्या है
हमें आराम से फिर काम क्या है

समझ में दिल की बातें कुछ न आएँ
न जाने इश्क़ का पैग़ाम क्या है

मोहब्बत ही मोहब्बत है ज़माना
मोहब्बत ख़ास है तो आम क्या है

निगाहों में है मस्ती की हक़ीक़त
तिरी आँखों के आगे जाम क्या है

हर अच्छे नाम से उन को पुकारा
ख़ुदा मालूम उन का नाम क्या है

'ज़हीन' उन के चले जाने से पहले
न जाने इश्क़ का अंजाम क्या है

कारवान-ए-उम्र-ए-रफ़्ता[1] की निशानी रह गई
रूह बन कर इज़्तिराब-ए-जावेदानी[2] रह गई

1 बीते हुए उम्र का क़ाफ़िला 2 सदैव की बेचैनी

एक नुक़्ता पर सिमट कर ज़िंदगानी रह गई
नक़्श हो कर दिल में उन की मेहरबानी रह गई

हम बहुत आगे निकल आए हयात-ए-'इश्क़[1] में
साथ थोड़ी दूर चल कर उम्र-ए-फ़ानी[2] रह गई

1 'इश्क़ का जीवन 2 नश्वर जीवन

अपनी सूरत देख कर तेरी हक़ीक़त देख लें
अब यही इक शक्ल-ए-इदराक-ए-मआ'नी[1] रह गई

1 अर्थ जानने का रास्ता

आप आ जाएँ तो हो जाए ये क़िस्सा भी तमाम
ज़िंदगी हो कर अधूरी सी कहानी रह गई

अब तसव्वुर[1] की नज़र से देख लेता हूँ 'ज़हीन'
इस जवाँ जयपूर को जिस में जवानी रह गई

1 कल्पना

एक हक़ीक़त के दो महमिल[1] हुस्न-ओ-मोहब्बत दोनों हैं
ख़ल्वत[2]-ख़ल्वत महफ़िल-महफ़िल हुस्न-ओ-मोहब्बत दोनों हैं

1 बैठने के लिए ऊँट पर रखी जाने वाली काठी 2 एकांत

सब से तन्हा सब में शामिल हुस्न-ओ-मोहब्बत दोनों हैं
कितने आसाँ कितने मुश्किल हुस्न-ओ-मोहब्बत दोनों हैं

अपने अपने आईने में देखते हैं मुँह अपना अपना
अपने अपने आप मुक़ाबिल[1] हुस्न-ओ-मोहब्बत दोनों हैं

1 आमने-सामने

एक हक़ीक़त के दो पहलू हर पहलू में लाखों पहलू
हर जल्वा हर दीदा हर दिल हुस्न-ओ-मोहब्बत दोनों हैं

आप हैं दरिया आप हैं कश्ती आप ही कश्तीबाँ[1] अपने
गाहे तूफ़ाँ गाहे साहिल हुस्न-ओ-मोहब्बत दोनों हैं

1 खेवनहार

इश्क़ 'ज़हीन' ईमान है मेरा हुस्न है मुझ जाँ से प्यारा
मेरी फ़ितरत ही में शामिल हुस्न-ओ-मोहब्बत दोनों हैं

❁

तिरी महफ़िल में तेरी ही मोहब्बत खींच लाई है
मिरा ज़ौक़-ए-नज़र[1] तेरा ही शौक़-ए-ख़ुद-नुमाई[2] है

1 नज़र का स्वाद 2 आत्म प्रदर्शन का शौक़

तजल्ली से कभी दिल की तसल्ली हो नहीं सकती
कहाँ ये आँख मानूस-ए-हिजाबात-ए-ज़ियाई[1] है

1 प्रकाश के पर्दे से परिचित

मोहब्बत से हर इक शय[1] में हुए आसार-ए-शय[2] पैदा
मोहब्बत की ख़ुदाई है मोहब्बत ही ख़ुदाई है

1 वस्तु 2 वस्तु का लक्षण

ख़ुदा याद आ रहा है हुस्न-ए-ईमाँ-सोज़-ए-साक़ी[1] से
कमाल-ए-पारसाई[2] आज तर्क-ए-पारसाई[3] है

1 साक़ी के इमान के जलाने वाला हुस्न 2 अत्यंत साधुता 3 साधुता का त्याग

बहारें फ़र्श हो हो कर बिछी जाती हैं गुलशन में
उरूस-ए-सुब्ह-ए-गुल[1] हो कर जवानी मुस्कुराई है

1 सुब्ह के फूल की दुल्हन

'ज़हीन' इस दह्र[1] में है मद्द-ओ-जज़्र-ए-ज़िंदगी[2] उस से
मोहब्बत साज़-ए-दिल[3] पर जिन सुरों से गुनगुनाई है

1 संसार 2 जीवन का उतार-चढ़ाव 3 दिल का वाद्य- यंत्र

❋

कौन कहता है कि इस बज़्म से सरकार गए
अब तो सरकार ही सरकार हैं अग़्यार[1] गए

1 दूसरे लोग

आफ़त-ए-जाँ[1] कोई बे-पर्दा-ए-आब-ओ-गिल[2] है
मरने वाले न मरे आह हमें मार गए

1 जान की आफ़त 2 संसार में बे-पर्दा

वो जिन्हें होश हो जानें वही आना जाना
हम तो हुशियार न आए थे न हुशियार गए

आप की बज़्म में देखा ये निराला दस्तूर
लाए पिंदार[1] वो लेकर वही पिंदार गए

1 अभिमान

अब न हम अपने न दुनिया की कोई शय अपनी
एक ही दाव में जो कुछ था वो सब हार गए

क्या ख़बर है किसी आसूदा-ए-साहिल[1] को 'ज़हीन'
उन में हम डूब गए दूर गए हार गए

1 किनारे पर खड़ा

वो जल्वे जो हिजाब-ए-नाज़[1] से महफ़िल में आते हैं
मेरे दिल से निकलते हैं कि मेरे दिल में आते हैं

1 नाज़ का पर्दा

फ़ना[1] पहला अदब है शर्त-ए-अव्वल[2] बज़्म-ए-जानाँ[3] में
जो अपने आप से गुज़रें वो इस महफ़िल में आते हैं

1 अस्तित्व की समाप्ति 2 पहली शर्त 3 प्रेमिका की सभा

खुली आँखों से आलम[1] पर गुमान-ए-आलम-ए-दिल[2] है
जब आँखें बंद करता हूँ नज़र वो दिल में आते हैं

1 संसार 2 दिल के संसार का भ्रम

कोई सादा-दिली-ए-शौक़[1] को ये बात समझा दे
पयाम-ए-हुस्न[2] होते हैं जो अरमाँ दिल में आते हैं

1 भोलेपन का शौक़ 2 हुस्न का पैग़ाम

ख़ुदी[1] के जौहर[2] आसानी में इंसाँ पर नहीं खुलते
हम अपने सामने खुल कर फ़क़त मुश्किल में आते हैं

1 अस्तित्व 2 गुण

'ज़हीन' अल्लाह को मैं देखता हूँ हुस्न-ए-जानाँ[1] में
नज़र ख़ुर्शीद[2] के जल्वे मह-ए-कामिल[3] में आते हैं

1 महबूब का हुस्न 2 सूर्य 3 चौदहवीं का चाँद

वो तेरी निगाहों का आ'लम जो मस्त-कुन[1]-ओ-मस्ताना था
मय-ख़ाने का मय-ख़ाना था पैमाने का पैमाना था

1 मस्त करने वाला

आबादी-ए-दिल1 का आ'लम भी इक ख़्वाब था या अफ़्साना था
जब आँख लगी काशाना था जब आँख खुली वीराना था

1 दिल की रौनक़

मौक़ूफ़[1] थी दिल की हालत पर वीरानी भी आबादी भी
वीराना[2] भी काशाना[3] था काशाना भी वीराना था

1 निर्भर 2 वीरान 3 महल, घर

आदाब-ए-तमाशा[1] से वाक़िफ़[2] कब शैख़-ओ-बरहमन थे वर्ना
बुत-ख़ाने में भी का'बा था का'बे में भी बुत-ख़ाना था

1 तमाशा देखने का ढंग 2 परिचित

जब 'इश्क़ में गुम अतराफ़[1] हुई जब सोज़ में महव[2] जिहात[3] हुईं
जो शम्अ' थी वो परवाना था वो शम्अ' थी जो परवाना था

1 दिशाएँ 2 लीन 3 दिशाएँ

क्या जाने किस ने क्या समझा अंदाज़-ए-बयान-ए-'ज़हीन' था क्या
हर लफ़्ज़ में एक हक़ीक़त थी हर लफ़्ज़ मगर अफ़्साना था

जो हक़ से दूर है वो हक़ समझ नहीं सकता
सिवाए ज़क-ज़क-ओ-बक़-बक़[1] समझ नहीं सकता

1 बकबक और झकझक

जो अपनी हस्ती-ए-महदूद[1] का है ज़िंदानी[2]
वो रिंद हस्ती-ए-मुतलक़ समझ नहीं सकता

1 सीमित अस्तित्व 2 क़ैदी

समझ सका न जो हक़ की खुली हुई आयात[1]
हदीस-ए-मुबहम-ओ-मुग़लक़[2] समझ नहीं सकता

1 निशानियाँ 2 गोलमोल और अस्पष्ट बात

सिफ़त[1] की ज़ात[2] से निस्बत जिसे नहीं मा'लूम
वो रब्त-ए-दज्ला-ओ-ज़ौरक[3] समझ नहीं सकता

1 गुण 2 व्यक्तित्व 3 दज्ला (एक नदी) और नाव का सम्बन्ध

ज़ुहूर में नज़र आया न जिस को अल-ज़ाहिर[1]
वो फ़र्क़-ए-मस्दर-ओ-मुश्तक़ समझ नहीं सकता

1 प्रत्यक्ष 2 मसदर (वह शब्द जिससे क्रियाएँ निकलें) और मुश्तक़ (वो जिससे शब्द बने) का अंतर

'ज़हीन' फ़हम[1] न हो फ़हम-ए-हक़[2] में जब तक गुम
हक़ीक़त-ए-हक़-ओ-ना-हक़ समझ नहीं सकता

1 ज्ञान 2 ईश्वर का ज्ञान

ख़ुदा को ख़ुद ब-ख़ुद जो ग़ालिब समझ नहीं सकता
वो 'इल्म-ए-हक़़[1] के मतालिब समझ नहीं सकता

1 ईश्वर का ज्ञान

वो है सनम-कदा-ए-मुम्किनात[1] में आज़र[2]
जो राज़-ए-हस्ती-ए-वाजिब[3] समझ नहीं सकता

1 संभव बातों का बुत-ख़ाना 2 एक मूर्तिकार का नाम 3 ईश्वर का भेद

जो वहम-ए-ग़ैर[1] में है अपने आप से महजूब[2]
है ख़ुद हिजाब कि हाजिब समझ नहीं सकता

1 दूसरों का भ्रम 2 छिपा हुआ

समझ रहा है जो अ'क़्ल-ए-शिकस्ता-पा[1] को ख़िज़्र[2]
जुनूँ के जाह-ओ-मनासिब[3] समझ नहीं सकता

1 मज्बूर अक़्ल 2 पथ प्रदर्शक(एक वली का नाम) 3 पद और प्रतिष्ठा

कलाम-ए-हक़़[1] की सिफ़त है 'ज़हीन' मेरा कलाम
न हो ख़ुदा का जो तालिब[2] समझ नहीं सकता

1 ईश्वर वाणी 2 इच्छुक

गुज़र 'ज़हीन' के दिल में नहीं हुआ जिस का
ख़ुदा के दिल की तमन्ना समझ नहीं सकता

ख़ुदा की राह में क़ुर्बान की है ज़िंदगी मैं ने
ये वो ग़म है कि इस ग़म पर लुटाई हर ख़ुशी मैं ने

हवाओं में जलाया है चराग़-ए-ज़िंदगी[1] मैं ने
चराग़-ए-ज़िंदगी को दिल से दी है रौशनी मैं ने

1 जीवन का दीया

मिरे मस्लक[1] में ख़ुद को भूलना हक़ को भुलाना है
ख़ुदा-दानी[2] को पाया मा'नी-ए-ख़ुद-आगही[3] मैं ने

1 विचारधारा 2 ईश्वर ज्ञान 3 आत्म ज्ञान का अर्थ

मिरे पेश-ए-नज़र[1] आईना-ख़ाने की हक़ीक़त है
हज़ारों और लाखों में भी देखा एक ही मैं ने

1 समक्ष

ये अ'क्स-ओ-आईना ज़ी-सूरत-ओ-सीरत[1] की वहदत[2] भी
समझने और समझाने की बातें जो हैं की मैं ने

1सूरत और आदत वाला 2एकता

हरीम-ए-किब्रिया[1] में बारयाबी उन को क्या होगी
हरीम-ए-दिल[2] में देखी है दिलों की नारसी[3] मैं ने

1 ईश्वर का दरबार 2 दिल का दरबार 3 पहुंच न होना

❁

न समझे गुल-रुख़ों[1] के हम इशारे
हमें पत्थर न मारे फूल मारे

1 फूल जैसे सुन्दर लोग

न देखे अपनी कश्ती ने तो क्या है
सुना तो है कि होते हैं किनारे

मोहब्बत दोस्ती है दुश्मनों से
हुए हैं दिल के दुश्मन दिल के प्यारे

सँवर जाएगा ख़ुद ही नज़्म-ए-आलम[1]
कोई पहले तिरे गेसू सँवारे

1 सांसारिक व्यवस्था

मोहब्बत फ़ातेह-ए-आलम[1] है लेकिन
मोहब्बत में वही जीते जो हारे

1 विश्वविजेता

'ज़हीन' आहिस्ता कू-ए-दोस्त[1] में चल
कि आसूदा यहाँ हैं चाँद तारे

1 महबूब की गली

उसी से ख़ुश है दिल जिस से ख़फ़ा है
न जाने ये मुझे क्या हो गया है

न फ़रमाएँ सज़ा देने की ज़हमत
मोहब्बत आप ही अपनी सज़ा है

मुझे ना-दीदा[1] जल्वे पर गुमाँ था
ये जल्वा तो मिरा देखा हुआ है

1 अनदेखा

हक़ीक़त में मिरा गिर्या[1] ही ऐ दोस्त
तेरे लब पर तबस्सुम[2] बन गया है

1 विलाप 2 मुस्कुराहट

'ज़हीन' इस बंदगी से बाज़ आया
वो काफ़िर क्या कोई मेरा ख़ुदा है

हुस्न-ए-ताबाँ[1] उस तरफ़ है इश्क़-ए-सोज़ाँ[2] इस तरफ़
वो परेशाँ उस तरफ़ है हम परेशाँ इस तरफ़

1 चमकता हुस्न 2 जलता इश्क़

का'बा-ए-दिल[1] उस तरफ़ है क़िब्ला-ए-जाँ[2] इस तरफ़
उस तरफ़ अल्लाह का घर कू-ए-जानाँ इस तरफ़

1 दिल का काबा 2 जान का क़िब्ला

लाख ईमानों पे भारी है अदा-ए-काफ़िरी[1]
एक काफ़िर उस तरफ़ सारे मुसलमाँ इस तरफ़

1 महबूब की अदा

हुस्न मह्व-ए-रंग-ओ-बू[1] है इश्क़ ग़र्क़-ए-हाय-ओ-हू[2]
हर गुलिस्ताँ उस तरफ़ है हर बयाबाँ इस तरफ़

1 रंग और ख़ुशबू में बसा हुआ 2 शोर और हंगामा में डूबा

साँस में आवाज़-ए-नय[1] है दिल ग़ज़ल-ख़्वाँ[2] है 'ज़हीन'
शायद आने को है वो जान-ए-बहाराँ[3] इस तरफ़

1 बाँसुरी की आवाज़ 2 कविता पाठ करने वाला 3 महबूब

अपनी धुन में हूँ ख़याल-ए-मा-सिवा[1] से क्या ग़रज़
आश्ना[2] से क्या ग़रज़ ना-आश्ना[3] से क्या ग़रज़

1 ईश्वर के अतिरिक्त 2 परिचित 3 अपरिचित

बात कुछ दिल की सुनी ऐ निस्बत-ए-ज़ात-ओ-सिफ़ात[1]
हो बुतों से बे-नियाज़ी तो ख़ुदा से क्या ग़रज़

1 अस्तित्व और गुण से संबंध रखने वाले

ज़िंदगी का अव्वल[1]-ओ-आख़िर[2] थी वो पहली नज़र
इब्तिदा[3] से क्या तअ'ल्लुक़ इंतिहा[4] से क्या ग़रज़

1 प्रथम 2 अंतिम 3 आरंभ 4 अंत

उम्र भर उस की जफ़ा[1] को हम वफ़ा समझा किए
क्या ख़बर वाबस्ता[2] थी उस बे-वफ़ा से क्या ग़रज़

1 अत्याचार 2 संबध

हुस्न-ए-मुस्तग़ना[1] की हम ने बात रख ली ऐ 'ज़हीन'
वर्ना इश्क़-ए-बे-ग़रज़[2] को इल्तिजा से क्या ग़रज़

1 संतुष्ट हुस्न 2 निःस्वार्थ इश्क़

नज़र लौट कर दिल में आए तो क्या हो
जो देखा है दिल में दिखाए तो क्या हो

निगाहों से गुज़रा हुआ है जो मंज़र
वो दिल से गुज़रने न पाए तो क्या हो

वो तस्वीर जो मुस्कुराती है दिल में
तसव्वुर को आँखें दिखाए तो क्या हो

वही जो समाए न अर्ज़-ओ-समा[1] में
मेरे दिल में आ-कर न जाए तो क्या हो

1 पृथ्वी और आकाश

वो दरिया कि मौजें हैं इस की दो-आलम[1]
वो एक बूँद में डूब जाए तो क्या हो

1 दोनों जगत

'ज़हीन' आप की चश्म-ओ-अबरू[1] के क़ुर्बां
न समझे इशारे किनाए तो क्या हो

1 आँखें और भँवें

कुछ नहीं ये आमद-ए-फ़स्ल-ए-बहाराँ[1] कुछ नहीं
ये घटाएँ कुछ नहीं ये अब्र-ए-बाराँ[2] कुछ नहीं

1 वसंत ऋतु का आगमन 2 बरसता बादल

ये हवाएँ ठंडी ठंडी ये फुवारें नर्म नर्म
ये फ़ज़ा-ए-मस्त[1] ये मस्ती का उन्वाँ[2] कुछ नहीं

1 मस्त वातावरण 2 शीर्षक

कुछ नहीं ये क़ैस[1] सामानी-ए-लैला[2] है फ़रेब
ख़्वाब-ए-मजनूँ[3] का मुरक़्क़ा'[4] सुंबुलिस्ताँ[5] कुछ नहीं

1 मजनूं का एक नाम 2 लैला का सामान 3 मजनूं का ख़्वाब 4 चित्रावली
5 बाग़

ये मज़ाहिर ये मनाज़िर हेच हैं तेरे बग़ैर
हाँ ये जन्नात-ए-नईम[1]-ओ-रुह-ओ-रैहाँ[2] कुछ नहीं

1 नेमतों वाली जन्नत 2 सुगंध और ख़ुशबू

तू बहार-ए-हुस्न[1] है तेरी नज़र हुस्न-ए-बहार[2]
तू नहीं तो ये गुलिस्ताँ का गुलिस्ताँ कुछ नहीं

1 हुस्न की बहार 2 बहार का हुस्न

❀

दिल को शीशा कहूँ आँखों को मैं पैमाना कहूँ
आप मय-ख़ाना बनूँ फिर तुझे मय-ख़ाना कहूँ

पा-ए-साक़ी[1] से है साबित-क़दमी[2] हस्ती में
सज्दा-ए-शुक्र[3] को मैं लग़्ज़िश-ए-मस्ताना[4] कहूँ

1 साक़ी का पाँव 2 दृढ़ता 3 कृतज्ञता का सज्दा 4 मस्तों की लड़खड़ाहट

एक ही आग है दो नाम से दो सम्त लगी
शो'ला-ए-शम्अ'[1] को सोज़-ए-दिल-ए-परवाना[2] कहूँ

1 दीए की रौशनी 2 परवाना के दिल की जलन

ख़ल्क़-सौदा-ज़दा-ए-दैर-ओ-हरम है लेकिन
है कोई इन में जिसे मैं तेरा दीवाना कहूँ

कुछ भी देखा न गया देखने वालों से 'ज़हीन'
क्यूँ न जल्वों को हिजाब-ए-रुख़-ए-जानाना[1] कहूँ

1 प्रेमिका के चेहरे का पर्दा

न जल्वों की कसरत[1] में बहकें निगाहें
कि हैं हर क़दम पर तिरी जल्वा-गाहें[2]

1 बहुतायत 2जलवा दिखाने का स्थान

पड़ीं जब से दिल पर तुम्हारी निगाहें
खुलीं ज़िंदगी की नई शाहराहें[1]

1 राजमार्ग

इस अंदाज़ से वो छुपे जा रहे हैं
मगर और कुछ कह रही हैं निगाहें

ये दिल था कि आहों पे इतरा रहा था
हँसी में उड़ा ले गया कोई आहें

न आस अपने बस में न यास अपने बस में
वो आना भी चाहें न आना भी चाहें

'ज़हीन' अपने हस्त-ओ-अदम[1] से ये पूछें
अगर हैं तो क्या हैं नहीं हैं तो क्या हैं

1 अस्तित्व और अनस्तित्व

दिल की हर धड़कन पयाम-ए-दोस्त[1] हो जाती है क्या
गुफ़्तुगू अपनी कलाम-ए-दोस्त[2] हो जाती है क्या

1 दोस्त का पैग़ाम 2 मित्र की बात

मिट गई हस्ती अगर नाम-ओ-निशान-ए-दोस्त[1] पर
ख़ुद निशान-ए-दोस्त[2] नाम-ए-दोस्त[3] हो जाती है क्या

1 मित्र का नाम-ओ-निशान 2 दोस्त का निशान 3 दोस्त का नाम

हर नफ़स[1] राह-ए-रज़ा-ए-दोस्त[2] में हो कर फ़ना
ज़िंदगी क़ाइम-मक़ाम-ए-दोस्त[3] हो जाती है क्या

1 क्षण 2 दोस्त की ख़ुशी का रास्ता 3 दोस्त का उत्ताधिकारी

'इश्क़ में तन और मन सब एक आते हैं नज़र
दिल की दुनिया सक़्फ़-ओ-बाम-ए-दोस्त[1] हो जाती है क्या

1 दोस्त की छत और कोठा

रूह अम्र-ए-रब[1] है अम्र-ए-रब है कुन[2] कुन है कलाम
रूह-ए-इंसानी[3] कलाम-ए-दोस्त[4] हो जाती है क्या

1 ईश्वरीय आदेश 2 हो जा (ईश्वरीय वाणी) 3 मानव आत्मा 4 ईश्वर वाणी

उन की याद आए तो कुछ उस का तक़ाज़ा होगा
सोचता हूँ वो रहे याद तो फिर क्या होगा

चैन था उस की हुज़ूरी में न दूरी में सुकूँ
उ'म्र भर उस की मोहब्बत में तड़पना होगा

जिस ने देखा तुझे ऐ दोस्त खुली आँखों से
वो समझता है कभी ख़्वाब में देखा होगा

खुल गया राज़ अगर हुस्न की यकताई[1] का
हम बुरा जिस को समझते हैं वो अच्छा होगा

1 अद्वितीय

ख़ल्वत-आरा[1] है भरी बज़्म में वो पैकर-ए-नाज़[2]
अपनी ख़ल्वत में न क्यूँ अंजुमन-आरा होगा

1 एकांत में बैठना 2 महबूब

आ'लम-ए-होश[1] हो या जल्वा-गह-ए-जाँ[2] हो 'ज़हीन'
मैं ख़ुद आया नहीं कोई मुझे लाया होगा

1 होश की दुनिया 2 महबूब के दर्शन का स्थान

बहार-ए-बाग़-ए-गुलिस्तान-ए-सरमदी[1] हम हैं
ख़ुदा के साथ हैं दाइम[2] वो आदमी हम हैं

1 अविनाशी बाग़ की बहार 2 हमेशा

वो बे-ख़ुदी[1] कि हक़ीक़त में है ख़ुदी हम हैं
नयाज़-ए-बंदगी[2]-ओ-नाज़-ए-ख़्वाजगी[3] हम हैं

1 मस्ती 2 तपस्या का गौरव 3 सरदारी का गौरव

जिस अंजुमन[1] में दिलों के चराग़ जलते हैं
उस अंजुमन में चराग़ों की रौशनी हम हैं

1 गोष्ठी

ख़जिल[1] है नूर-ए- मोहब्बत[2] से ज़ुल्मत-ए-नफ़रत[3]
जो शम्अ' तुंद[4] हवा न बुझ सकी हम हैं

1 शर्मिंदा 2 मोहब्बत की रौशनी 3 नफ़रत का अंधकार 4 तीव्र

ये वाक़िआ' है कि सब कुछ है तू ही तो ऐ दोस्त
ये और बात कि जो कुछ है तू वही हम हैं

बहुत बड़े हैं हक़ीक़त में हम ज़हीन मगर
रह-ए-मजाज़[1] में सब से बड़ी कमी हम हैं

1 काल्पनिक मार्ग

❁

क्या न देखा ये कहो ये न कहो क्या देखा
हम ने जो कुछ भी किसी बज़्म[1] में देखा देखा

1 महफ़िल

देखने को सर-ए-महफ़िल[1] रुख़-ए-ज़ेबा[2] देखा
हम को जो कुछ तिरी आँखों ने दिखाया देखा

1 महफ़िल में 2 ख़ूबसूरत चेहरा

वो बहारें कि तिरे साथ मुझे देख गईं
क्या कहेंगी अगर आकर मुझे तन्हा देखा

नुक्ता-चीं[1] दीदा-ए-ज़ाहिर[2] है मिरी आँखों पर
हम ने आईना न देखा रुख़-ए-ज़ेबा देखा

1 ऐब ढूंढने वाला 2 साधारण आँख जिससे देखते हैं

चाँदनी चाँद सी सूरत की घनी ज़ुल्फ़ की छाँव
फिर अंधेरा नज़र आया न उजाला देखा

उस को अपना कोई समझा है न समझेगा 'ज़हीन'
जिस को बे-गानगी-ए-होश[1] में अपना देखा

1 होश का अनजानापन

'इश्क़ में ख़ुद हुस्न-ए-ग़ारत-गर[1] लुटा
लूटने वाला यहाँ आकर लुटा

1 लुटेरा हुस्न

था दिल-ए-बर्बाद में आबाद कौन
लूटने वाले ये किस का घर लुटा

नक़्द-ए-दीन[1]-ओ-नक़्द-ए-ईमाँ[2] नक़्द-ए-दिल[3]
पास जो कुछ हो लुटा उन पर लुटा

1 धर्म की पूंजी 2 ईमान की पूंजी 3 दिल की पूंजी

बुल-हवस[1] थे अ'क़्ल के सरमाया-दार[2]
'इश्क़ में नादार[3] ही अक्सर लुटा

1 लोभी 2 धनवान 3 ग़रीब

थी मोहब्बत ही वो राह-ए-पुर-ख़तर[1]
साथ रह-रौ[2] के जहाँ रहबर लुटा

1 ख़तरनाक रास्ता 2 मुसाफ़िर

लूटने वालों का शिकवा कुछ नहीं
अपने हाथों ही 'ज़हीन' अक्सर लुटा

❁

कभी इंसान से इंसान मोहब्बत न करे
हाँ मोहब्बत नहीं आसान मोहब्बत न करे

हो बचाना अगर ईमान मोहब्बत न करे
हुस्न-ए-काफ़िर[1] से मुसलमान मोहब्बत न करे

1 महबूब की सुन्दरता

जान पहचान मोहब्बत की हक़ीक़त से हो गर
जिस से कुछ जान न पहचान मोहब्बत न करे

ख़ैर दिल की न अमाँ जान की मुम्किन है यहाँ
जिस को प्यारे हों दिल-ओ-जान मोहब्बत न करे

ये वो दरिया है कि जिस का नहीं साहिल कोई
खेल समझा है जो तूफ़ान मोहब्बत न करे

❁

जो पहचान आए तो पहचान जाए
मुझे जान जाये तुम्हें जान जाए

मिरा दीन जाए कि ईमान जाए
वो मन जाए मुझ से मिरी मान जाए

वो इंसान के दिल में जब घर बनाएँ
कहाँ घर बनाने को इंसान जाए

ये इंकार-ओ-इक़रार छोड़ो कि उन से
न ईमान आए न ईमान जाए

तुम्हारी तमन्ना को दिल से निकालें
कहाँ घर से बाहर ये मेहमान जाए

ज़हीन उन को उन से अलग देखना है
जहाँ वो न आएँ वहाँ ध्यान जाए

❁

उ'म्र भर पूजा है मैं ने जिस को वो दर है यही
बुत-कदा मेरा यही, अल्लाह का घर है यही

झुक गया दिल रूह ने सज्दा किया बे-इख़्तियार
जल्वागाह-ए-दिल-नवाज़[1]-ओ-रूह-परवर[2] है यही

1 ढाढ़स बँधाने वाले के जल्वा दिखाने की जगह 2 जीवन प्रदान करने वाला

कट गईं होश-ओ-ख़िरद[1] की बेड़ियाँ आकर यहाँ
मर्कज़-ए-जज़्ब-ओ-जुनूँ[2] अल्लाहु अकबर है यही

1 अक़्ल 2 दीवानगी और कशिश का केंद्र

ज़र्रे ज़र्रे से यहाँ के आ रही है बू-ए-दोस्त[1]
छोड़कर घर हम जहाँ आए हैं वो घर है यही

1 दोस्त की ख़ुशबू

जगमगा उट्ठे हैं शर्क़-ओ-ग़र्ब[1] जिसके नूर से
मेहर-ए-आलमताब[2] माह-ए-नूर-ए-गुस्तर है यही

1 पूरब और पश्चिम 2 दुनिया को चमकाने वाला सूरज

❁

ख़याल है न तसव्वुर न मुशाहिदा[1] है न ख़्वाब
तरह तरह से उठाता हूँ अपने रुख़ से नक़ाब

1 अवलोकन

उठी निगाह तो हर सम्त[1] से उठे पर्दे
नज़र हिजाब[2] में है तो जमाल ज़ेर-ए-हिजाब[3]

1 दिशा 2 पर्दा 3 पर्दे के नीचे

नए मक़ाम नई मंज़िलें नई राहें
क़दम क़दम पे जुनूँ के लिए नए आदाब

निगाह-ए-'इश्क़ हक़ीक़त है हुस्न-ए-आ'लम की
मता-ए'-हुस्न [1]बहुत जिन्स-ए-आ'शिक़ी[2] कम-याब[3]

1 हुस्न का सामान 2 आशिक़ी की पूंजी 3 जो बहुत कम मिल सके

मिरा पीर-ए-मुग़ाँ[1] फ़ख़्र-ए-मय-कशाँ[2] है वही
जो कर सके ग़म-ए-हस्ती[3] को ग़र्क़-ए- जाम-ए-शराब[4]

1 शराब-ख़ाने का मालिक 2 जिस पर शराब पीने वालों को फ़ख़्र हो
3 दुनिया का दुःख 4 शराब के प्याले में डूबा हुआ

हम उन को देखने वाले हैं हम को देख ज़हीन
कभी ये हम ने न देखा ये लुत्फ़ है कि इ'ताब

तिरा मजाज़[1] हक़ीक़त से हम-कनार[2] भी है
जो आश्कार[3] नहीं है वो आश्कार भी है
1 जो वास्तविक न हो 2 संबंध 3 प्रकट

वो आब-ओ-गिल[1] कि नवाज़ है आप ने जिस को
वही मज़ार भी है साहब-ए-मज़ार[2] भी है
1 मिट्टी और पानी 2 जिसका मज़ार हो

ये मेहर-ओ-माह[1] ये अंजुम[2] ये कहकशाँ[3] ये फूल
हर एक तेरे तबस्सुम की यादगार भी है
1 चाँद और सूरज 2 सितारा 3 आकाशगंगा

तिरा मज़ाक़-ए-मोहब्बत[1] है कुफ्र-ओ-दीं से बुलंद
मगर वो माया-ए-नूर[2]-ओ-मता-ए'-नार[3] भी है
1 मोहब्बत की रुचि 2 प्रकाश की पूँजी 3 आग का सामान

ये मेरी जान के आईने में तिरी तस्वीर
ये इस्ति'आरा-ए-जाँ[1] तुझ से मुस्तआ'र[2] भी है
1 जान का रूपक 2 लिया गया

❁

थी मोहब्बत कभी फ़क़त तुम से
आज हर चीज़ बन गई महबूब

थे कभी तुम ही मर्कज़-ए-ख़ूबी[1]
आज कोई भी शय[2] नहीं ना-ख़ूब

1 अच्छाइयों का केंद्रस्थल 2 वस्तु

'इश्क़ तन्हा हक़ीक़त-ए-'आलम[1]
ये हक़ीक़त मजाज़[2] से महजूब[3]

1 दुनिया की हक़ीक़त 2 जो वास्तविक न हो 3 छिपा हुआ

होशियारी है हुस्न में ख़ूबी
होशियारी है 'इश्क़ में मायूब[1]

1 बुरा

इक तबस्सुम है दूसरा है आह
एक यूसुफ़[1] है दूसरा या'क़ूब[2]

1 एक पैग़म्बर जो बहुत सुन्दर थे 2 यूसुफ़ के पिता जिनकी आखें यूसुफ़ के लिए रोते-रोते चली गई थीं

बे-क़रारी में 'इश्क़ गिरिया-ए-नूह[1]
सब्र में 'इश्क़ हज़रत-ए-अय्यूब[2]

1 नूह पैग़म्बर का रोना धोना 2 हज़रत अय्यूब

'इश्क़ मज्ज़ूब[1] है दीवाना है
'अक़्ल से होश से बेगाना है

1 मस्त

न कहीं घर न कहीं दर उस का
शहर है बाग़ है वीराना है

कहीं साग़र[1] है न मीना[2] न सुबू[3]
मस्त है साहब-ए-मय-ख़ाना[4] है

1 प्याला 2 जाम 3 छोटा घड़ा 4 मय-ख़ाने का मालिक

तालिब-ए-जल्वा-ए-जानाँ[1] भी नहीं
आप ही जल्वा-ए-जानाना[2] है

1 महबूब का दर्शनाभिलाषी 2 महबूब का दर्शन

हफ़्त इक़्लीम[1] में सुल्तान है वो
और अंदाज़-ए-फ़क़ीराना[2] है

1 सातों महाद्वीप 2 फ़क़ीरों का अंदाज़

नाज़ फ़रमाए अगर मेरा जुनूँ
तुम वही करते रहो जो मैं कहूँ

ज़िंदगी क्या है सफ़र पैहम[1] सफ़र
फिर सफ़र में क्या तमन्ना-ए-सुकूँ[2]

1 निरंतर 2 सुकून की इच्छा

दोस्त अन्क़ा[1] हैं तो दुश्मन ही सही
कोई तो हो जिस को अपना कह सकूँ

1 दुर्लभ

तुम ही तुम होते हो मेरे सामने
सोचता हूँ जब कभी मैं कौन हूँ

चाहता हूँ मैं उन्हें लेकिन 'ज़हीन'
ये मुझे ख़ुद भी नहीं मा'लूम क्यूँ

तुम्हें भी मिरी याद आती तो होगी
मोहब्बत तुम्हें भी सताती तो होगी

मुझे ख़्वाब में तुम ने देखा तो होगा
तुम्हें भी कभी नींद आती तो होगी

तुम्हारा भी क्या हाल मेरा सा होगा
मोहब्बत कहीं रास आती तो होगी

वो दुनिया जो दुनिया ने देखी नहीं है
वो दुनिया मोहब्बत दिखाती तो होगी

कभी दिल का कहना भी होता तो होगा
मोहब्बत कभी फ़त्ह पाती तो होगी

झपकती तो होंगी कभी दिल की आँखें
'ज़हीन' उन से बे-इल्तिफ़ाती[1] तो होगी

1 उपेक्षा

बहुत बरसी घटा छाने से पहले
वो आए हैं ख़याल आने से पहले

ज़रा सुलझाएँ दिल की उलझनों को
वो अपनी ज़ुल्फ़ सुलझाने से पहले

कब आती है क़यामत मैं बताऊँ
तिरे जाने के बा'द आने से पहले

बहारें मुस्कुराती हैं ख़िज़ाँ में
खिले हैं फूल मुरझाने से पहले

हँसी की झलकियाँ हैं आँसुओं में
वो ख़ुद आते थे याद आने से पहले

'ज़हीन' उस की हक़ीक़त जिस ने समझी
न समझी मेरे अफ़्साने से पहले

मिटाएँ सब्र दिल से सब्र की तल्क़ीन[1] फ़रमाएँ
सुकून-ए-दिल[2] वही छीनें वही तस्कीन[3] फ़रमाएँ

1 उपदेश 2 दिल का आराम 3 ढ़ाढ़स

मोहब्बत में ज़बूँ-हाली[1] की वो तज़ईन[2] फ़रमाएँ
वो ग़म दें ज़ब्त-ए-ग़म[3] की दाद दें तहसीन[4] फ़रमाएँ

1 दुर्दशा 2 सँवारना 3 दु:ख सहन करना 4 प्रशंसा

मजाज़-ए-'इश्क़[1] की दुश्वारियाँ[2] शायद हक़ीक़ी हैं
वो सुन सुन कर दुआएँ वर्ना क्यूँ आमीन[3] फ़रमाएँ

1 इश्क़ का स्वभाव 2 परेशानी 3 एक शब्द जो प्रार्थना आदि की स्वीकृति के लिए प्रयोग होता है

सुकून-ए-हुस्न[1] जाने इज़्तिरार-ए-'इश्क़[2] क्या शय[3] है
तलव्वुन[4] क्या है उस को साहब-ए-तम्कीन[5] फ़रमाएँ

1 हुस्न का सुख 2 'इश्क़ की बेचैनी 3 वस्तु 4 अस्थिरता 5 गंभीर

'ज़हीन' इस में ख़ुद उन के हुस्न-ए-कामिल[1] की इहानत है
भला वो और मेरे इश्क़ की तौहीन फ़रमाएँ

1 संपूर्ण सौन्दर्य

न अल्फ़ाज़[1] पहुँचें न मा'ना[2] वहाँ तक
कहूँ हुस्न की हद कहाँ से कहाँ तक

1 शब्द 2 अर्थ

बहुत दूर हैं असलियत से फ़साने
बड़ा फ़ासला है दिलों से ज़बाँ तक

गुज़र जा मोहब्बत में बीम-ओ-रजा[1] से
मोहब्बत में ख़ामी[2] है सूद-ओ-ज़ियाँ[3] तक

1 उम्मीद और भय 2 कमी 3 लाभ और हानि

उसी से उम्मीद-ए-नवाज़िश[1] है दिल को
हँसी में उड़ा ले गया जो फ़ुग़ाँ[2] तक

1 कृपा की उम्मीद 2 विलाप

दुआ लब पे आती है दिल से निकल कर
ज़मीं से पहुँचती है बात आसमाँ तक

'ज़हीन' आज आफ़ाक़[1] बन कर 'अयाँ[2] है
जो इक हर्फ़ आया था मेरी ज़बाँ तक

1 संसार 2 प्रकट

ज़ाहिरी आँख से पिन्हाँ[1] तुम हो
दीदा-ए-दिल[2] से नुमायाँ तुम हो

1 छिपा 2 दिल की आँख

ग़ुन्चा[1]-ओ-लाला[2]-ओ-रेहाँ[3] तुम हो
ये गुलिस्ताँ का गुलिस्ताँ तुम हो

1 कली 2 एक लाल फूल 3 एक ख़ुशबूदार पौधा

हर तसव्वुर से नुमायाँ[1] होकर
हर तसव्वुर से गुरेज़ाँ[2] तुम हो

1 प्रकट 2 लुप्त

देख कर जिस को ख़ुदा याद आए
ब-ख़ुदा तुम हो वो इंसाँ तुम हो

दिल तुम्हारा है कि तुम हो दिल के
मेज़बाँ तुम हो कि मेहमाँ तुम हो

साक़ी-ए-बादा-ए-'इरफ़ाँ[1] तुम हो
शह-ए-संजर[2] शह-ए-जीलाँ[3] तुम हो

1 ब्रह्म ज्ञान की शराब का साक़ी 2 संजर का राजा

3 जीलान का बादशाह

यमनी-इ'श्वा[1]-ओ-क़'रनी-ग़म्ज़ा[2]
मदनी जल्वा ब-दामाँ तुम हो

1 यमन का अंदाज़ 2 औवैस क़रनी की अदा

सूरत-ए-हक़[1] है नुमायाँ तुम से
सूरत-ए-हक़ में नुमायाँ तुम हो

1 ईश्वर का रूप

फ़क़्र[1] को फ़ख़्र[2] बनाया तुम ने
फ़क़्र में बू-ज़र-ओ-सलमाँ[3] तुम हो

1 दरिद्रता 2 गौरव 3 अबूज़र और सलमान (पैग़म्बर के साथी)

रूमी-ओ-शिब्ली-ओ-'अत्तार-ओ-जुनैद
ब-ख़ुदा[1] 'ईसा-ए-दौराँ[2] तुम हो

1 ख़ुदा की क़सम 2 अपने समय का ईसा

देख कर तुम को किसे देखे 'ज़हीन'
इन निगाहों के निगहबाँ तुम हो

सलाम आया न कुछ पैग़ाम आया
तग़ाफ़ुल[1] उन का मेरे काम आया

1 उपेक्षा

वो हैं अपने न होने से नुमायाँ
निगाहों पर नया इल्ज़ाम आया

मसल[1] मशहूर है ये मय-कदे में
हुआ पुख़्ता[2] यहाँ जो ख़ाम[3] आया

1 कहावत 2 परिपक्व 3 अपरिपक्व

शब-ए-ग़म[1] दिल को तड़पाने ही आए
तुम आए या तुम्हारा नाम आया

1 ग़म की रात

दर-ए-पीर-ए-मुग़ाँ[1] पर है ये कतबा[2]
गया ख़ुश-काम[3] जो नाकाम आया

1 मयख़ाने के मालिक का दरवाज़ा 2 समाधिलेख 3 सफल

'ज़हीन' पैराहन-ए-यूसुफ़[1] समझ कर
ग़िलाफ़-ए-का'बा[2] को मैं थाम आया

1 यूसुफ़ का कपड़ा 2 काबा का पर्दा

अन्य

ख़ुद अपने इ'ल्म[1] की आँखों में बे-पर्दा नहीं आता
बहुत देखा है अपने आप को लेकिन नहीं देखा

1 ज्ञान

अ'दम[1] का अपने मुझ को इ'ल्म है इ'ल्म-ए-अदम[2] क्या है
फ़क़त मा'दूम[3] का मा'लूम होना कुछ न होना है

1 अनस्तित्व 2 अनस्तित्व का ज्ञान 3 अस्तित्वहीन

वो जाँ हूँ जिस्म के एक एक ज़र्रे में रवाँ[1] हूँ मैं
नहीं हूँ मैं कहाँ फ़रमाइए हूँ तो कहाँ हूँ मैं

1 गतिशील

वो ग़ुंचा हूँ कि तज्ज़िया[1] की राहें बंद हैं मुझ पर
वो नुक़्ता हूँ कि जिस की सैर ही कौनैन[2] का मेहवर

1 विश्लेषण 2 दोनों जगत

वो आ'लिम[1] हूँ कि अपनी इ'ल्म की आँखों से ओझल हूँ
अज़ल[2] से हूँ अबद तक हूँ मुसलसल हूँ मुकम्मल हूँ

1 विद्वान 2 अनादिकाल

मिरी ज़बान से तेरा बयान मुश्किल है
हज़ार कोस की दूरी ज़बान से दिल है

त'अल्लियाँ[1] भी नहीं लन-तरानियाँ[2] भी नहीं
रिवायतें भी नहीं हैं कहानियाँ भी नहीं

1 डींगें हांकना 2 शेख़ी बघारना

दिल-ओ-नज़र की अमानत दिल-ओ-नज़र में है
कहाँ वो कूचा[1]-ओ-बाज़ार-ओ-रहगुज़र में है

1 गली

मक़ाम-ए-ख़ास[1] है ये रहगुज़र-ए-आ'म[2] नहीं
वहाँ है 'इश्क़-ए-जहाँ कुछ किसी से काम नहीं

1 विशेष स्थान 2 सामान्य स्थान

सुनी है नफ़्स ने सम्अ-ए-क़बूल से ये बात
ख़ुद अपने नफ़्स में आएँ नज़र तिरी आयात

यही तरीक़ा-ए-इस्बात-ए-हर-करामत[1] है
जो ये नहीं तो करामत नहीं रिवायत है

1 चमत्कार की पुष्टि

❁

फ़ातिहा[1] भी तिरे मरक़द[2] पे पढ़ूँ या न पढ़ूँ
तुझ को मुर्दा कहूँ या ज़िंदा-ए-जावेद[3] कहूँ

1 मृतकों की आत्मा की शांति के लिए पढ़ी जाने वाली क़ुरआन की आयतें 2 क़ब्र 3 हमेशा ज़िंदा रहने वाला

मुत्तफ़िक़[1] अ'क़्ल से पाता हूँ मैं अहकाम-ए-जुनूँ[2]
तू मिरी जान मिरी रूह मिरा सब्र-ओ-सुकूँ

1 सहमत 2 दीवानगी का आदेश

किस तरह मैं तुझे मुर्दा कहूँ मुर्दा समझूँ
तुझ से ज़िंदा हूँ तिरे साथ ही मैं ज़िंदा हूँ

न हुआ तुझ से जुदा कोई तसव्वुर[1] अपना
तुझे ऐ दोस्त कहूँ क्या मैं तहय्युर[2] अपना

1 कल्पना 2 हैरत

फ़ारसी कलाम

लुत्फ़-ए-हक़ बर जहाँ मुई'नुद्दीन
दर जहाँ हम-चु जाँ मुई'नुद्दीन

बर फ़लक आफ़ताब-ए-आ'लम ताब
बर ज़मीं आसमाँ मुई'नुद्दीन

माया-ए-नाज़ -ए-आ'लम-ओ-आदम
हासिल-ए-कुन-फ़काँ मुई'नुद्दीन

ता जहानस्त दर जहाँ बाशद
अज़ ख़ुदा हुक्मराँ मुई'नुद्दीन

मा'नी-ए-फ़ज़्कुरूनी वज़्कुरुकुम
मी नुमायद अ'याँ मुई'नुद्दीन

हस्ती-ए-'ज़हीन' महव-ए-ख़ुदास्त
हक़ अ'याँ-ओ-निहाँ मुई'नुद्दीन

अनुवाद

मु'ईनुद्दीन दुनिया में ईश्वर की कृपा हैं
दुनिया में जान की तरह हैं मु'ईनुद्दीन

आसमान पर चमकता सूरज और
ज़मीन पर आसमान हैं मु'ईनुद्दीन

दुनिया और आदम के लिए बा'इस-ए-इफ़्तिख़ार हैं
दोनों जहाँ के हासिल हैं मु'ईनुद्दीन

जब तक ये दुनिया बाक़ी है ज़मीन पर
ख़ुदा की तरफ़ से हुक्मराँ हैं मु'ईनुद्दीन

फ़ज़्कुरुनी अज़्कुरुकुम[1] का मा'नी
बयान करते हैं हज़रत मु'ईनुद्दीन

'ज़हीन' का अस्तित्व ईश्वर की ज़ात में लीन हैं
ईश्वर प्रकट है और अप्रकट हैं मु'ईनुद्दीन

1. तुम मुझे याद करो और मैं तुम्हें याद करूँगा (क़ुरआन की एक आयत)

सरापा मज़हर-ए-क़ुदरत निज़ामुद्दीन वल-मिल्लत
अ'ली सूरत नबी सीरत निज़ामुद्दीन वल-मिल्लत

चूँ आँ बू-ए-कि गुल पैराहन-ओ-गुलशन नशेमन बाशद
नबी रंग-ओ-अ'ली निकहत निज़ामुद्दीन वल-मिल्लत

अनुवाद

निज़ामुद्दीन पूर्णतः ईश्वर के प्रतीक हैं
निज़ामुद्दीन सूरत में 'अली की तरह और सीरत में नबी की तरह हैं

वो ऐसी ख़ुशबू हैं कि जिसका वस्त्र फूल है और जिसका घर बग़ीचा है
निज़ामुद्दीन का रंग नबी जैसा और ख़ुशबू 'अली जैसी है

रुबाई

जो कुछ भी कहूँ उस से फ़ुज़ूँ[1] हैं बाबा
सद[2] जल्वा-गह-ए-कुन-फ़यकूँ[3] हैं बाबा
मा'बूद-ए-ख़िरद[4] रब्ब-ए-जुनून[5] की सौगंद
सर ता-ब-क़दम[6] जज़्ब-ओ-जुनूँ[7] हैं बाबा

1 अधिक 2 एक सौ 3 कुन (हो जा!) फ़-याकून (वो हो जाता है) के प्रकट होने का स्थान 4 अक़्ल का ईश्वर 5 दीवानगी का मालिक 6 सर से पैर तक 7 मस्ती और दीवानगी

❁